꼼지락걸의
미니어처 손뜨개
인형과 인형옷편
miniature crochet

문주희 지음

팜파스

프롤로그
PROLOGUE

20대에 지었던 제 닉네임은 이제 조금 민망하기는 해요. 이 나이에 꼼지락'걸'이라니 미세스 꼼지락이나 꼼지락 여사 정도로 바꿔야 하나 농담 섞인 고민도 했습니다.

하지만 이번 작고 귀여운 인형을 만들고, 그 인형에 맞는 옷과 신발을 만들면서 제 마음속 소녀가 다시 깨어났어요. 어릴 적 종이 인형을 오리고 잘라서 어깨에 걸쳐서 입히던 드레스들이 떠오르며 마음이 너무 몽글거리고 행복해지더라고요.

작은 인형의 손과 발을 만들고 솜을 채우고 완성해보세요. 작은 옷을 만들어 입히고 사진을 찍어보세요. 모두의 마음속에 숨어 있던 소녀가 깨어나는 것을 느끼며 행복해질 거예요.

저는 아직 마음만은 소녀가 맞으니 꼼지락걸이라는 닉네임, 이제는 민망해하지 않으려고요.

뜨개가 주는 행복, 작은 것이 주는 성취감을 느껴보길 바랍니다.

프롤로그 005

Basic 01 도구와 재료

도구 010
재료 012

Basic 02 기초 뜨개 기법

원형코 만들기 014
짧은뜨기 2코 늘려뜨기 017
짧은뜨기 3코 늘려뜨기 018
짧은뜨기 2코 모아뜨기 020
짧은뜨기 3코 모아뜨기 021
사슬코 022
사슬코 위에 짧은뜨기 023
사슬코로 시작한 편물 돌려뜨기 024
빼뜨기 025
짧은뜨기 뒤줄 이랑뜨기 026
짧은뜨기 앞줄 이랑뜨기 027

긴뜨기 028
한길긴뜨기 029
한길긴뜨기 2코 늘려뜨기 030
한길긴뜨기 3코 늘려뜨기 032
두길긴뜨기 032
한길긴뜨기 3코 구슬뜨기 033
한길긴뜨기 4코 구슬뜨기 036
한길긴뜨기 2코 모아뜨기 037
한길긴뜨기 앞걸어뜨기 038
한길긴뜨기 뒤걸어뜨기 039
되돌아 짧은뜨기 041

인형 만들기
making dolls

- ① 인형 몸체 만들기 052
- ① 인형 머리카락 만들기 064

인형 꾸미기
decorating

① 수국 머리띠 084

② 비니 086

③ 요정모자 088

④ 기본 빵모자 090

 ④-1 토끼 빵모자 091
 ④-2 루돌프 빵모자 092
 ⑤ 밀짚모자 094
 ⑥ 티셔츠 096

 ⑦ 민소매 줄무늬 티 102
 ⑧ 잠옷 상의 104
 ⑨ 속옷 106
 ⑩ 잠옷 바지 108

 ⑪ 발레복 114
 ⑫ 주름치마 1 116
 ⑬ 주름치마 2 120
 ⑭ 멜빵치마 122

 ⑮ 드레스 124
 ⑯ 나팔바지 126
 ⑰ 반바지 128
 ⑱ 멜빵바지 130

 ⑲ 운동화 132
 ⑳ 메리제인 슈즈 134
 ㉑ 부츠 136
 ㉒ 장화 138

 ㉓ 발레 슈즈 140
 ㉔ 룸슈즈 142

도구와 재료

도구

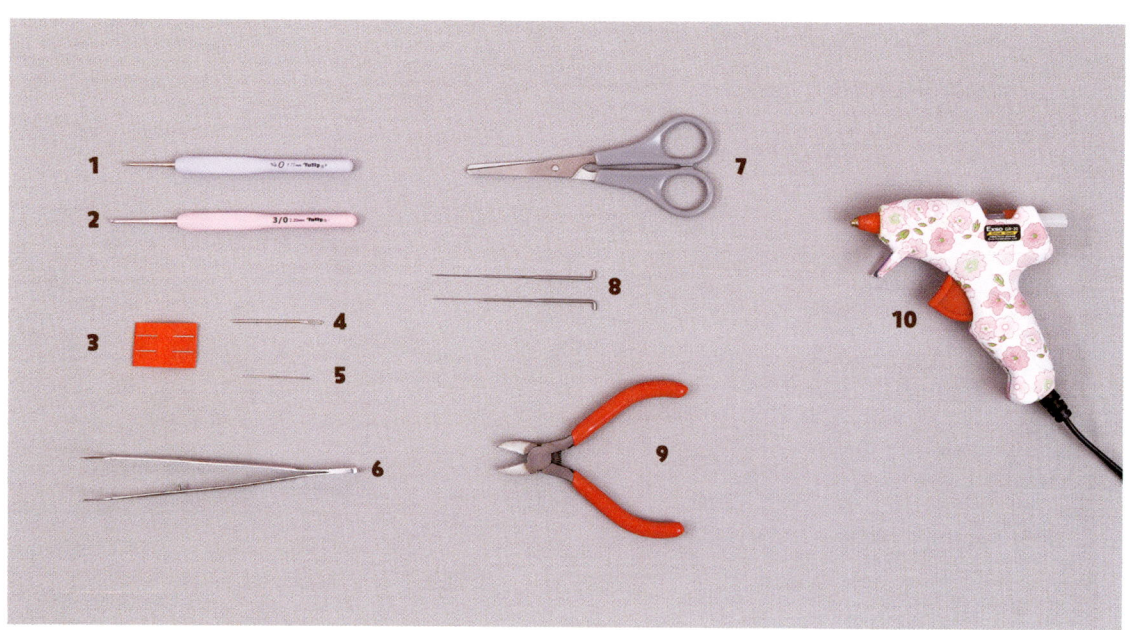

1 레이스용 코바늘 0호 코바늘은 레이스용과 모사용으로 나뉘는데 레이스 두께의 얇은 실을 사용할 때는 레이스용 코바늘이 필요하다. 이 책에서는 수국 머리띠를 뜰 때 0호를 사용했다.

2 모사용 코바늘 3호 인형을 뜰 때는 모사나 아크릴사 등의 두께가 있는 실을 사용하기 때문에 모사용 코바늘이 필요하다. 이 책에서는 인형과 인형의 의상을 뜰 때 3호 바늘을 사용했다.

3 일반 바느질용 바늘 스냅단추, 단추, 시드 비즈, 큐빅 장식 등을 꿰맬 때 일반 바늘을 사용하여 꿰맨다.

4 돗바늘 머리, 몸통 등을 서로 연결할 때 사용하는 털실용 바늘로 일반 바늘에 비해 바늘 끝이 둥글고 바늘귀가 크다.

5 시침핀 인형의 머리카락을 고정할 때 사용한다.

6 핀셋 작은 부분에 솜을 넣을 때 사용하면 좋다.

7 가위 털실, 펠트를 자를 때 사용한다.

8 양모 바늘 인형의 잠옷 위 장식과 머리카락을 표현할 때 사용한다.

9 펜치 공예용 와이어를 자를 때 사용한다.

10 글루건 털실 위에 펠트나 장식 등을 붙일 때 사용한다. 글루건은 한 번 굳으면 수정이 어려우니 붙일 곳을 확인한 후 붙이는 것이 좋다.

재료

1 양모 완성된 편물 위에 양모용 바늘을 사용하여 펀칭을 하면 원하는 모양을 만들 수 있다. 이 책에서는 인형의 잠옷을 장식할 때 사용했다.

2 솜 인형과 소품을 채울 때 사용한다. 솜은 방울솜과 구름솜으로 나뉘는데 방울솜은 코 사이로 빠져나오기 쉽기 때문에 구름솜을 사용하는 것이 더 좋다.

3 자수실 소품을 만들 때 사용하는 실로 레이스 바늘로 뜬다. 실의 가닥을 나눠서 뜨면 되는데 이 책에서 사용된 덴마크 꽃실은 3가닥으로 나눠서 사용했다.

- 덴마크 꽃실 띠지를 풀면 총 8줄로 이루어져 있는데 이 중에서 3줄만 뽑아내서 사용한다.

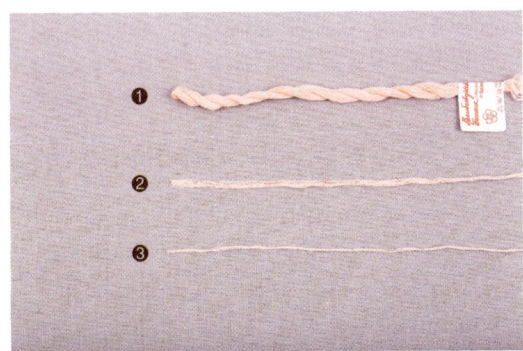

- 덴마크 꽃실 색상표

4 털실 털실의 종류나 두께에 따라 인형의 모양이 많이 달라지는데 보통 모사, 면사, 아크릴사 등을 사용한다. 이 책의 인형들을 면사로 만들었으며, 인형의 머리카락은 양모 바늘을 사용하여 머리에 고정해야 하므로 순모사를 사용했다.

5 바느질용 실 일반 바늘을 사용하여 단추 등을 꿰맬 때 바느질용 실을 사용한다.

6 공예용 와이어 공예용 와이어는 손으로도 잘 구부러져서 모양을 만들기 쉽다. 털실 사이로 빠져나오지 않도록 끝은 동그랗게 구부려서 넣어준다. 인형의 팔과 몸 사이에 와이어를 넣어주면 완성 후에 자유로운 포즈를 취할 수 있다.

7 단추 인형의 의상 중 치마, 바지 등에 사용했다.

8 버클 인형의 의상 중 어깨끈, 벨트용으로 사용했다.

9 큐빅 인형의 의상 중 드레스에 꿰매서 장식했다.

10 스냅단추 옷에 사용된 단추로 암수가 한쌍이며 바느질로 고정한다.

11 나사형 눈 인형 눈은 단추형과 나사형으로 구분되는데 평면의 편물일 경우 단추형 눈을 사용하면 좋고, 솜이 들어가는 인형의 경우에는 나사형 눈을 사용하면 더욱 좋다. 사람 모양의 인형에는 나사형 눈을 사용하고 잠옷 상의에는 단추형 눈을 사용했다.

12 고무줄 인형의 머리카락을 묶을 때 사용했다.

13 리본 인형의 의상을 꾸밀 때 사용했다.

기초 뜨개 기법

원형코 만들기

01 오른손으로 실의 끝부분을 잡고 왼손의 손바닥에서 손등 쪽으로 실을 넘긴다.

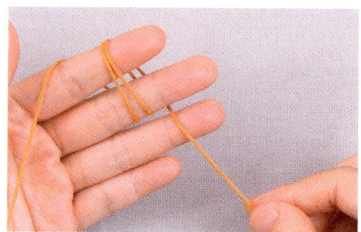

02 오른손으로 실의 끝부분을 잡고 왼손의 집게손가락과 가운뎃손가락에 2번 감아서 고리를 만든다.

03 왼손에 감았던 고리를 손가락 위쪽에서 모두 잡아서 뺀 후 실의 끝부분이 오른쪽으로 오도록 놓고 실타래의 실을 왼손 집게손가락에 1~2회 정도 감는다. 오른손으로 잡고 있던 고리를 왼손의 엄지손가락과 가운뎃손가락으로 옮겨 잡는다.

04 오른손으로 코바늘의 머리가 아래를 향하도록 잡은 후 고리의 안쪽으로 넣는다.

05 코바늘을 집게손가락에 걸린 실과 손가락 사이의 공간으로 통과시킨 후 실을 감는다.

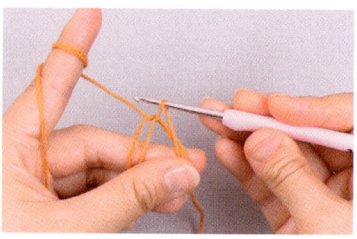

06 과정 **05**에서 감은 실을 고리 사이로 빼내면 사진과 같은 모양이 된다.

07 집게손가락에 걸린 실을 다시 감는다.

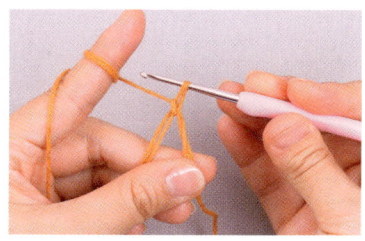

08 감은 실을 과정 **06**에서 만든 고리 안으로 빼낸다.

09 고리 안으로 코바늘을 넣는다.

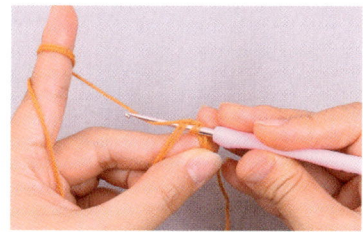

10 실을 감는다.

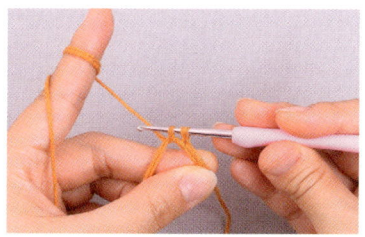

11 감은 실을 고리 위쪽으로 빼내면 코바늘 위에 2줄이 남아 있게 된다.

12 실을 한 번 더 감는다.

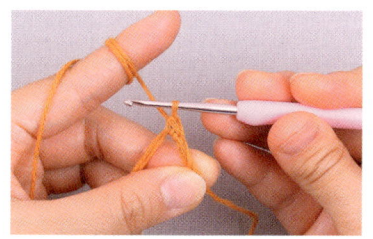

13 감은 실을 2줄 사이로 한 번에 빼내면 첫 번째 코가 만들어진다.

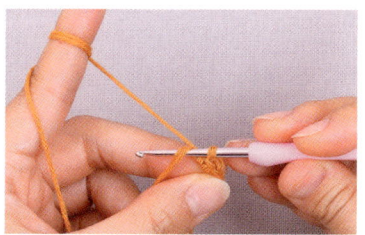

14 고리 안으로 코바늘을 넣는다.

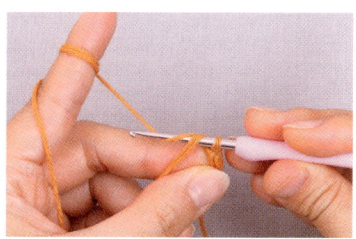

15 실을 감는다.

16 감은 실을 고리 위쪽으로 빼내면 코바늘 위에 2줄이 남아 있게 된다.

17 실을 한 번 더 감는다.

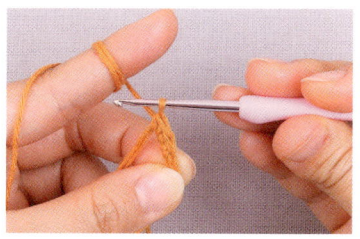

18 감은 실을 2줄 사이로 한 번에 빼내면 원형코 만들기에서 두 번째 코가 만들어진다.

19 14~18번 과정을 반복해서 원하는 개수만큼 코를 만든다(사진은 원형코 6코를 만든 모습).

(Tip) 원형코의 개수를 셀 때는 코바늘에 걸려 있는 고리는 제외하고 바로 옆에 있는 사슬 모양의 코부터 끝난 자리까지 센다. 만들려고 했던 코의 개수가 맞는지 확인한 후 다음 단계로 넘어간다.

20 코바늘이 걸려 있던 고리가 왼쪽으로 오도록 놓고, 왼손으로 사슬 모양의 코가 모두 위쪽을 향하도록 잡아준다.

21 마지막 코의 옆쪽을 보면 원 모양의 고리 2줄과 그 사이의 짧은 줄이 있는데 짧은 줄은 바깥으로 빼내지 말고 그대로 둔다.

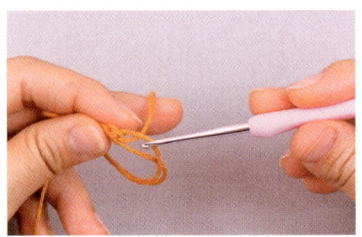

22 원 모양의 고리 2줄 중에서 코바늘이 가리키는 앞쪽에 있는 실을 찾아서 잡는다.

23 과정 22에서 잡은 실을 오른쪽 아래 방향으로 더 이상 당겨지지 않을 때까지 쭉 당긴다.

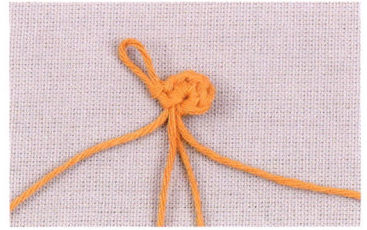

24 앞쪽 실을 모두 당겨서 뺀 모습

25 과정 21에서 그대로 둔 짧은 줄을 잡아서 아래쪽 방향으로 끝까지 쭉 당긴다.

26 모두 잘 당겨서 원형코가 완성된 모습

짧은뜨기 2코 늘려뜨기(2단 12코 만들기)

  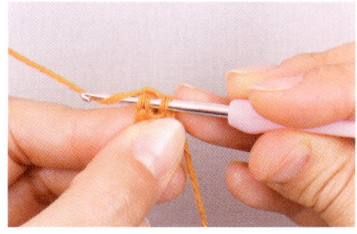

01 원형코를 만들고 난 후 고리에 코바늘을 넣고 실타래와 연결된 실을 왼손의 집게손가락에 1~2회 감는다.

02 원형코 부분은 왼손의 엄지손가락과 가운뎃손가락으로 잡고 과정 01에서 코바늘을 넣었던 고리를 제외하고 오른쪽 옆에 있는 코부터 시계방향으로 세어서 6번째 코(사슬 모양의 2줄 아래)로 코바늘을 넣는다.

03 실을 감는다.

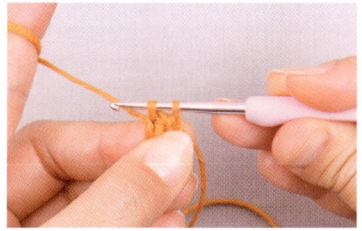 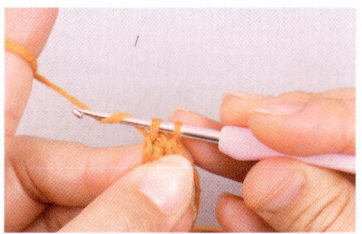 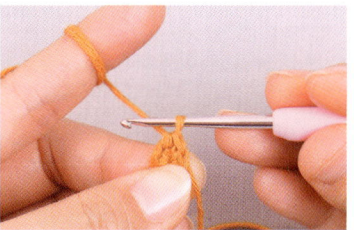

04 감은 실을 빼내면 사진처럼 바늘 위에 2개의 줄이 생긴다.

05 실을 한 번 더 감는다.

06 감은 실을 2줄 사이로 한 번에 빼내면 짧은뜨기 1코가 완성된다.

 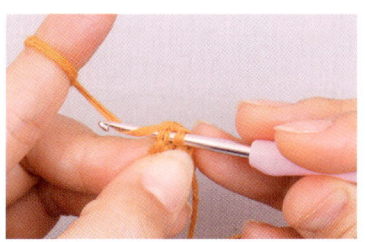 

07 과정 02와 같은 코에 코바늘을 넣는다.

08 실을 감는다.

09 감은 실을 빼내면 바늘 위에 2개의 줄이 생긴다.

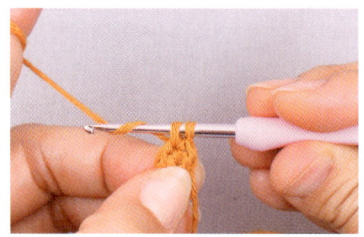

10 실을 한 번 더 감는다.

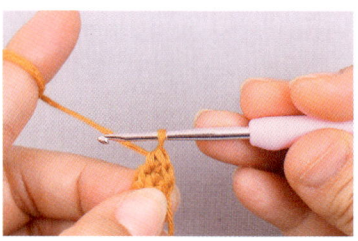

11 감은 실을 2줄 사이로 한 번에 빼내면 짧은뜨기 2코 늘려뜨기가 완성된다.

12 남은 5코에 짧은뜨기 2코 늘려뜨기를 반복하여 2단 총 12코 완성한 모습

 **짧은뜨기 3코 늘려뜨기**

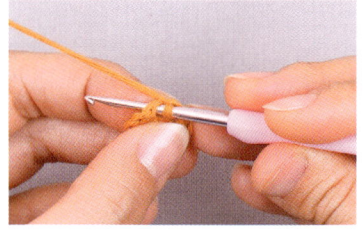

01 떠야 할 코(사슬 아래)로 코바늘을 넣는다.

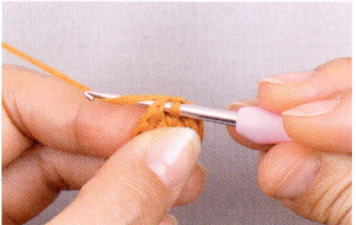

02 실을 감는다.

03 감은 실을 빼내면 사진처럼 바늘 위에 2개의 줄이 생긴다.

04 실을 한 번 더 감는다.

05 감은 실을 2줄 사이로 한 번에 빼내면 짧은뜨기 1코가 완성된다.

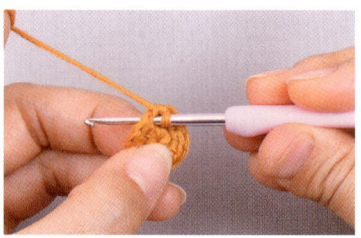

06 과정 **01**과 같은 코에 코바늘을 넣는다.

07 실을 감는다.

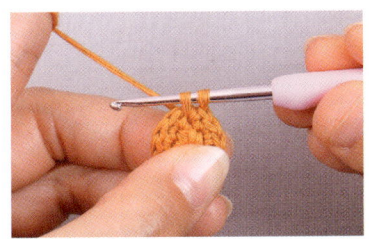
08 감은 실을 빼내면 바늘 위에 2개의 줄이 생긴다.

09 실을 한 번 더 감는다.

10 감은 실을 2줄 사이로 한 번에 빼낸다.

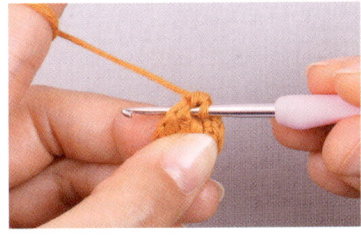
11 과정 01, 06과 같은 코에 코바늘을 넣는다.

12 실을 감는다.

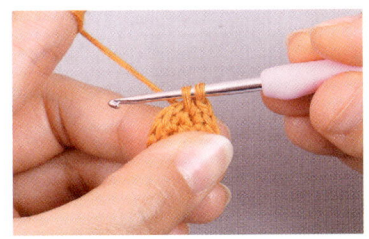
13 감은 실을 빼내면 바늘 위에 2개의 줄이 생긴다.

14 실을 감는다.

15 감은 실을 2줄 사이로 한 번에 빼낸다.

16 한 코에 짧은뜨기 3코 늘려뜨기한 모습

짧은뜨기 2코 모아뜨기

01 다음 코에 코바늘을 넣는다.

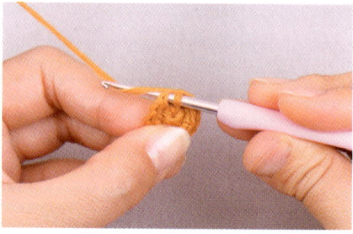

02 실을 감는다.

03 감은 실을 빼내면 사진처럼 바늘 위에 2개의 줄이 생긴다.

04 과정 **03**의 2개 줄은 그대로 두고 과정 **01**에서 코바늘을 넣었던 코의 다음 코로 바늘을 넣는다.

05 실을 감는다.

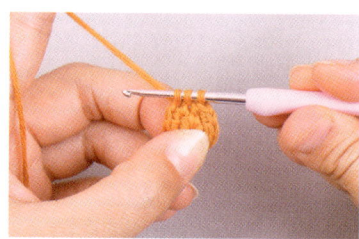

06 감은 실을 빼내면 사진처럼 바늘 위에 3개의 줄이 생긴다.

07 실을 감는다.

08 감은 실을 3개의 줄 사이로 모두 통과시킨다.

09 짧은뜨기 2코 모아뜨기가 완성된 모습

 **짧은뜨기 3코 모아뜨기**

01 다음 코에 코바늘을 넣는다.

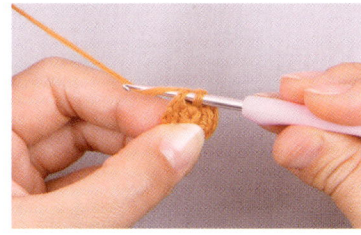

02 실을 감는다.

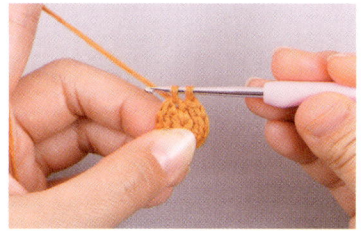

03 감은 실을 빼내면 사진처럼 바늘 위에 2개의 줄이 생긴다.

04 과정 **03**의 2개의 줄은 그대로 두고 과정 1에서 코바늘을 넣었던 코의 다음 코로 바늘을 넣는다.

05 실을 감는다.

06 감은 실을 빼내면 사진처럼 바늘 위에 3개의 줄이 생긴다.

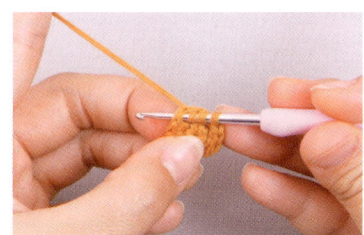

07 과정 **06**의 3개의 줄은 그대로 두고 과정 4에서 코바늘을 넣었던 코의 다음 코로 바늘을 넣는다.

08 실을 감는다.

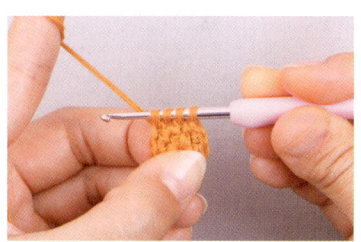

09 감은 실을 빼내면 사진처럼 바늘 위에 4개의 줄이 생긴다.

10 실을 감는다.

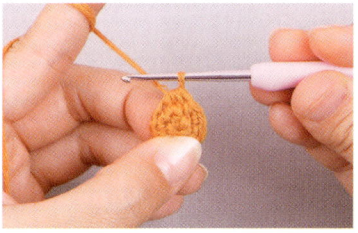

11 감은 실을 4개의 줄 사이로 모두 통과시킨다.

12 짧은뜨기 3코 모아뜨기가 완성된 모습

사슬코

01 오른손으로 실의 끝부분을 잡고 왼손 집게손가락에 한 번 감는다.
(Tip) 손바닥에서 손등 방향으로 감아준다.

02 왼손의 엄지손가락과 가운뎃손가락으로 실의 끝부분을 잡는다.

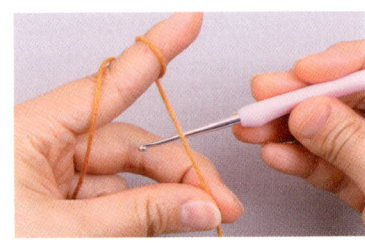

03 코바늘을 잡고 실의 뒤쪽에 놓는다.

04 사진과 같이 코바늘을 아래쪽 방향으로 한 바퀴 감아올린다.

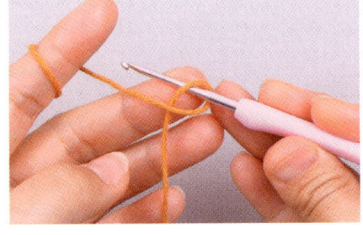

05 사진처럼 실이 교차하는 부분이 생긴다.

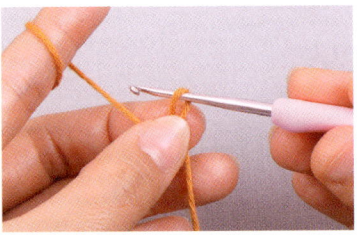

06 교차하는 부분이 풀리지 않게 왼손의 엄지손가락과 가운뎃손가락으로 잡는다.

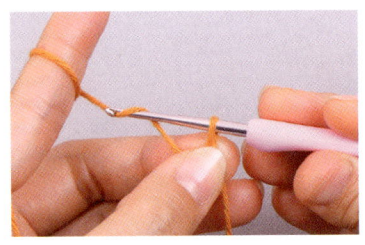

07 집게손가락에 걸린 실을 코바늘로 감는다.

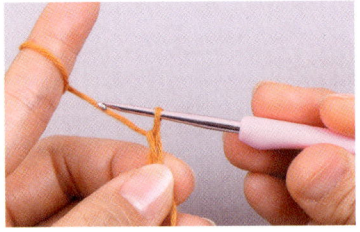

08 감은 실을 고리 안으로 빼낸다.

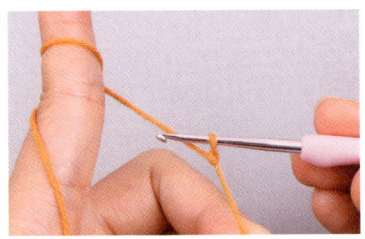

09 아래쪽의 실을 잡아당기면 매듭이 완성된다.

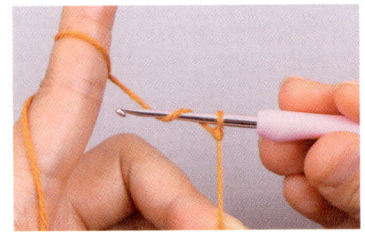

10 실을 한 번 더 감는다.

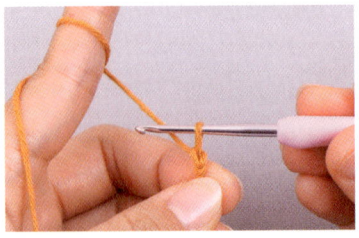

11 고리 안으로 빼내면 사슬뜨기 중 1코가 만들어진다.

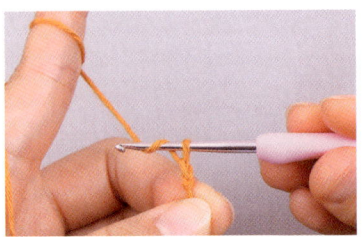

12 실을 한 번 더 감는다.

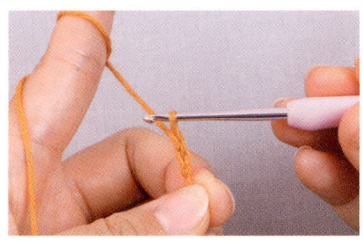 

13 고리 안으로 빼내면 사슬뜨기 중 두 번째 코가 만들어진다.

14 12~13번 과정을 반복하여 원하는 개수만큼 사슬코를 만든다(사진은 사슬뜨기 10코를 만든 모습). 코바늘이 걸려 있는 고리는 제외하고 아래쪽 사슬부터 코를 센다.

사슬코 위에 짧은뜨기

 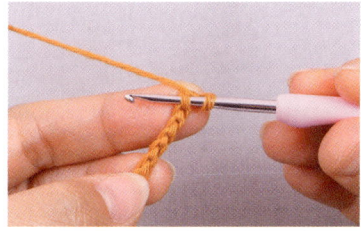 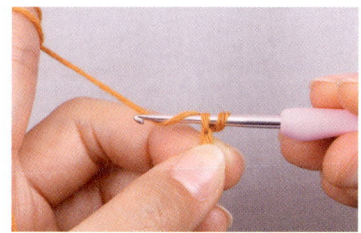

01 사슬코를 뜬 후에 사슬 모양의 반대쪽을 보면 사진과 같이 볼록볼록한 코산이 보인다.

02 첫 번째 사슬(기둥코)은 뜨지 않고 두 번째 사슬의 코산으로 사진과 같이 코바늘을 넣는다.

03 실을 감는다.

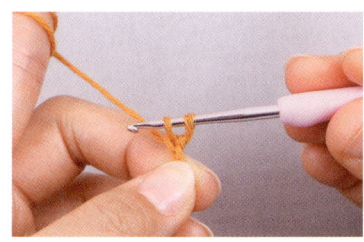 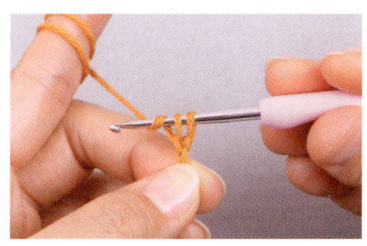 

04 감은 실을 빼내면 사진처럼 바늘 위에 2개의 줄이 생긴다.

05 실을 한 번 더 감는다.

06 감은 실을 2줄 사이로 한 번에 빼내면 짧은뜨기 1코가 완성된다.

07 사슬코 위에 짧은뜨기를 끝까지 뜬 모습

사슬코로 시작한 편물 돌려뜨기

01 사슬코를 만든 후 한 단을 뜨고 다음 단을 뜨기 위해 실을 감는다.

02 감은 실을 빼내서 기둥코를 만든 후 화살표 방향으로 편물을 돌린다.

03 편물을 뒤집어 다음 단을 뜰 준비를 한다.

04 편물의 위쪽을 보면 코바늘을 넣을 첫 코를 확인하기 쉽다. 과정 **02**에서 만든 기둥코 1코는 제외하고 다음 코를 찾는다.

05 과정 **04**에서 찾은 코에 코바늘을 넣는다.

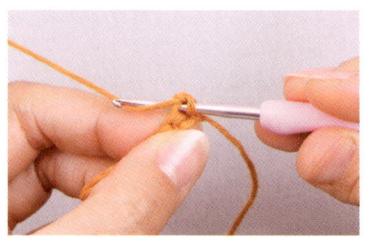

06 실을 감는다.

07 감은 실을 빼내면 사진처럼 바늘 위에 2개의 줄이 생긴다.

08 실을 한 번 더 감는다.

09 감은 실을 2줄 사이로 한 번에 빼내면 짧은뜨기 1코가 완성된다.

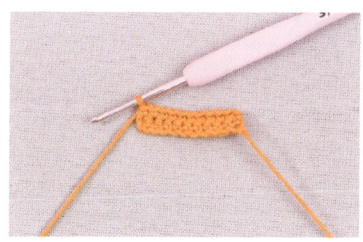

10 2단까지 완성한 모습

● 빼뜨기

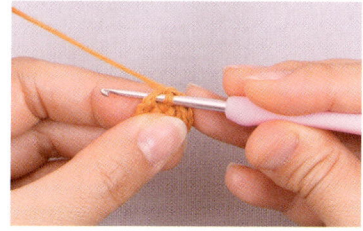 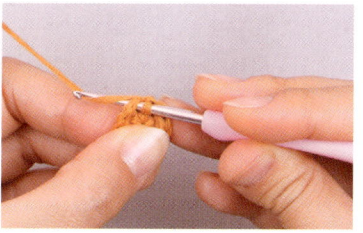 

01 떠야 할 코(사슬 아래)에 코바늘을 넣는다.

02 실을 감는다.

03 감은 실을 빼내면 사진처럼 바늘 위에 2개의 줄이 생긴다.

04 실을 감지 않고 바늘 위의 2개의 줄 중에서 앞줄을 뒷줄로 빼낸다.

05 빼뜨기 1코 완성한 모습

╳ 짧은뜨기 뒤줄 이랑뜨기

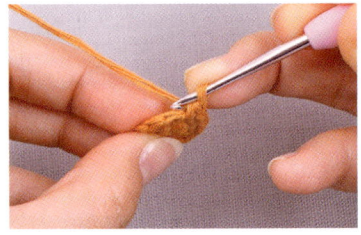 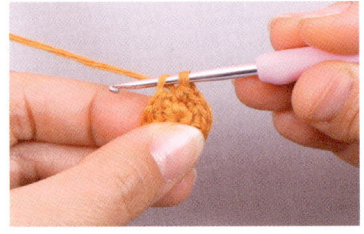 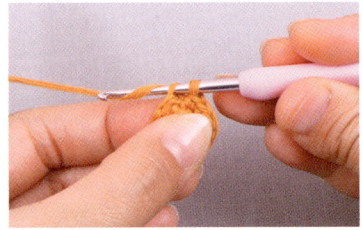

01 코바늘이 가리키는 코의 뒤쪽 반코로 뜰 준비를 한다.

02 과정 01에서 가리킨 뒤쪽 반 코에 코바늘을 넣는다.

03 실을 감는다.

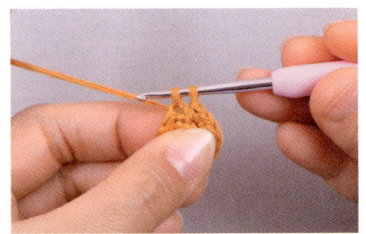 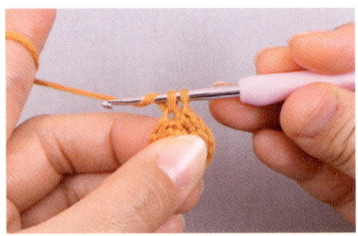 

04 감은 실을 빼내면 사진처럼 바늘 위에 2개의 줄이 생긴다.

05 실을 한 번 더 감는다.

06 감은 실을 2줄 사이로 한 번에 빼내면 짧은뜨기 이랑뜨기 1코가 완성된다.

07 짧은뜨기 이랑뜨기를 뜨고 난 후의 모습이다. 코바늘이 가리키는 곳처럼 앞쪽 반 코는 남아 있게 된다.

⊠ 짧은뜨기 앞줄 이랑뜨기

01 코바늘이 가리키는 코의 앞쪽 반 코로 뜰 준비를 한다.

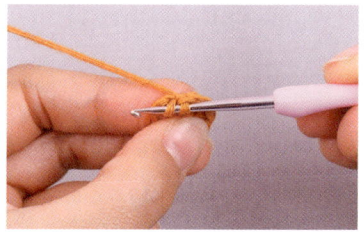

02 과정 01에서 가리킨 앞쪽 반 코에 코바늘을 넣는다.

03 실을 감는다.

04 감은 실을 빼내면 사진처럼 바늘 위에 2개의 줄이 생긴다.

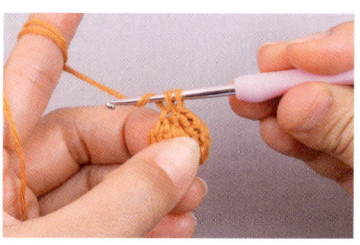

05 실을 한 번 더 감는다.

06 감은 실을 2줄 사이로 한 번에 빼내면 짧은뜨기 이랑뜨기 1코가 완성된다.

07 짧은뜨기 앞줄 이랑뜨기를 뜨고 난 후의 모습이다. 앞쪽에서 볼 때는 짧은뜨기 한 것과 똑같은 모습이다.

08 짧은뜨기 이랑뜨기를 뜨고 난 후의 반대쪽 모습이다. 뒤쪽 반 코는 남아 있게 된다.

T 긴뜨기

01 바늘에 실을 감는다.

02 다음 코에 바늘을 넣는다.

03 실을 한 번 더 감는다.

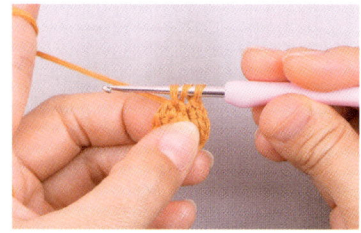  

04 감은 실을 빼내면 바늘 위에 3개의 줄이 생긴다.

05 실을 한 번 더 감는다.

06 감은 실을 3줄 사이로 한 번에 빼내면 긴뜨기 1코가 완성된다.

한길긴뜨기

01 바늘에 실을 감는다.

02 다음 코에 바늘을 넣는다.

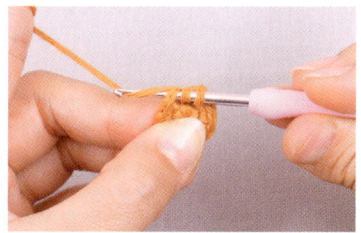

03 실을 한 번 더 감는다.

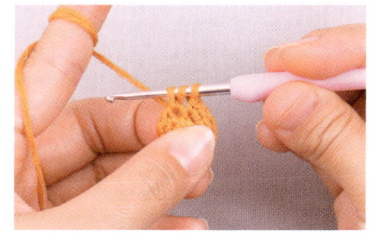

04 감은 실을 빼내면 바늘 위에 3개의 줄이 생긴다.

05 실을 한 번 더 감는다.

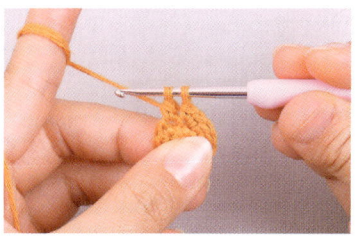

06 감은 실을 과정 **04**에서 남은 3개의 줄 중에서 2줄 사이로 빼내면 바늘 위에 2줄이 남아 있게 된다. 이 상태를 미완성 한길긴뜨기라고 한다.

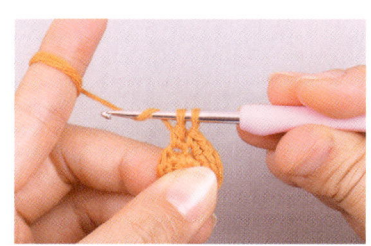

07 실을 한 번 더 감는다.

08 감은 실을 과정 **06**에서 남은 2개의 줄 사이로 빼내면 한길긴뜨기 1코가 완성된다.

한길긴뜨기 2코 늘려뜨기

01 바늘에 실을 감는다.

02 다음 코에 바늘을 넣는다.

03 실을 한 번 더 감는다.

04 감은 실을 빼내면 바늘 위에 3개의 줄이 생긴다.

05 실을 한 번 더 감는다.

06 감은 실을 과정 **04**에서 남은 3개의 줄 중에서 2줄 사이로 빼내면 바늘 위에 2줄이 남아 있게 된다. 이 상태를 미완성 한길긴뜨기라고 한다.

07 실을 한 번 더 감는다.

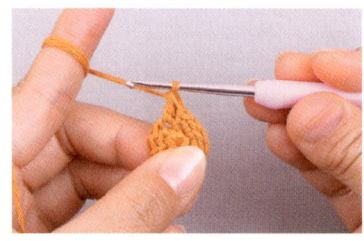

08 감은 실을 과정 **06**에서 남은 2개의 줄 사이로 빼내면 한길긴뜨기 1코가 완성된다.

09 실을 한 번 감는다.

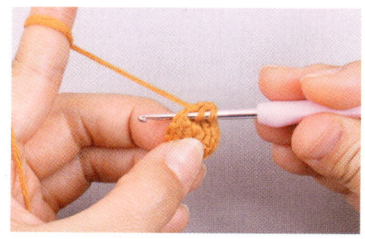

10 과정 02에서 바늘을 넣었던 같은 코에 바늘을 넣는다.

11 실을 한 번 더 감는다.

12 감은 실을 빼내면 바늘 위에 3개의 줄이 생긴다.

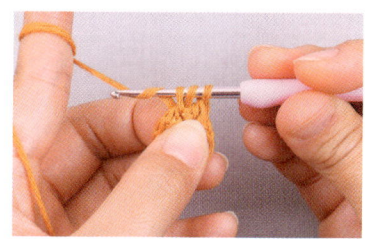

13 실을 한 번 더 감는다.

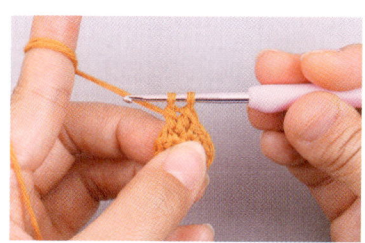

14 감은 실을 과정 12에서 남은 3개의 줄 중에서 2줄 사이로 뺀다.

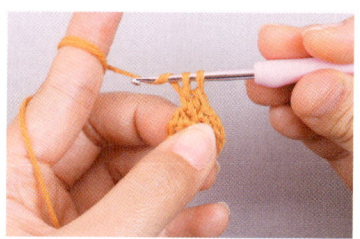

15 실을 한 번 감는다.

16 감은 실을 과정 14에서 남은 2개의 줄 사이로 빼내면 한길긴뜨기 1코가 완성된다.

17 한길긴뜨기 2코 늘려뜨기가 완성된 모습

한길긴뜨기 3코 늘려뜨기

한길긴뜨기 2코 늘려뜨기의 과정 **01**~**17**과 똑같이 뜬 후에 **10**~**16**번 과정을 반복하면 한길긴뜨기 3코 늘려뜨기가 된다(한길긴뜨기 3코 늘려뜨기가 완성된 모습).

두길긴뜨기

01 바늘에 실을 두 번 감는다.

02 다음 코에 바늘을 넣는다.

03 실을 한 번 더 감는다.

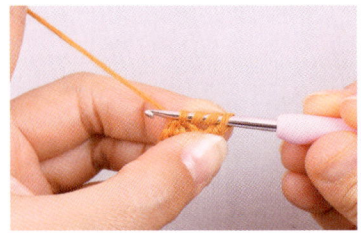

04 감은 실을 빼내면 바늘 위에 4개의 줄이 생긴다.

05 실을 한 번 더 감는다.

06 감은 실을 과정 **04**에서 남은 4개의 줄 중에서 2줄 사이로 빼내면 바늘 위에 3줄이 남아 있게 된다.

07 실을 한 번 더 감는다.

08 감은 실을 과정 06에서 남은 3개의 줄 사이로 빼내면 바늘 위에 2줄이 남아 있게 된다.

09 실을 한 번 더 감는다.

10 감은 실을 과정 08에서 남은 2개의 줄 사이로 모두 빼내면 두길긴뜨기 1코가 완성된다.

한길긴뜨기 3코 구슬뜨기

01 바늘에 실을 감는다.

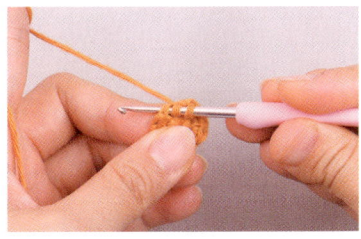
02 다음 코에 바늘을 넣는다.

03 실을 한 번 더 감는다.

04 감은 실을 빼내면 바늘 위에 3개의 줄이 생긴다.

05 실을 한 번 더 감는다.

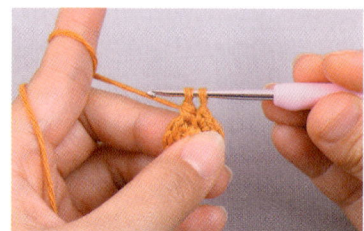

06 감은 실을 과정 **04**에서 남은 3개의 줄 중에서 2줄 사이로 빼내면 바늘 위에 2줄이 남아 있게 된다.

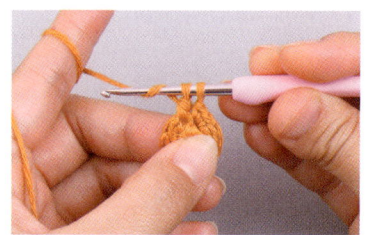

07 실을 한 번 더 감는다.

08 과정 **02**에서 바늘을 넣었던 코와 같은 코로 바늘을 넣는다.

09 실을 한 번 더 감는다.

10 감은 실을 빼내면 바늘 위에 4개의 줄이 생긴다.

11 실을 감는다.

12 감은 실을 과정 **10**에서 남은 4개의 줄 중에서 2줄 사이로 빼내면 바늘 위에 3줄이 남아 있게 된다.

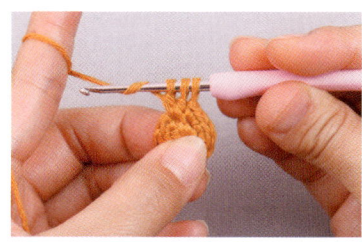

13 실을 감는다.

14 과정 08에서 바늘을 넣었던 코와 같은 코에 바늘을 넣는다.

15 실을 감는다.

16 감은 실을 빼내면 바늘 위에 5개의 줄이 생긴다.

17 실을 감는다.

18 감은 실을 과정 16에서 남은 5개의 줄 중에서 2줄 사이로 빼내면 바늘 위에 4줄이 남아 있게 된다.

19 실을 감는다.

20 감은 실을 과정 18에서 남은 4줄 사이로 모두 빼낸다.

21 한길긴뜨기 3코 구슬뜨기가 완성된 모습

한길긴뜨기 4코 구슬뜨기

01 한길긴뜨기 3코 구슬뜨기의 과정 01~18과 동일한 방법으로 뜬 후 바늘에 실을 감는다.

02 같은 코에 바늘을 넣는다.

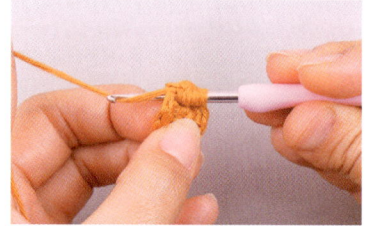

03 실을 한 번 더 감는다.

04 감은 실을 빼내면 바늘 위에 6개의 줄이 생긴다.

05 실을 감는다.

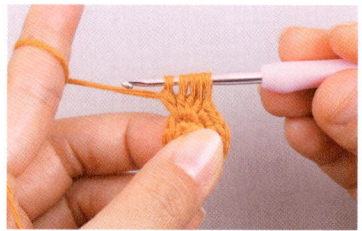

06 감은 실을 과정 04에서 남은 6개의 줄 중에서 2줄 사이로 빼내면 바늘 위에 5줄이 남아 있게 된다.

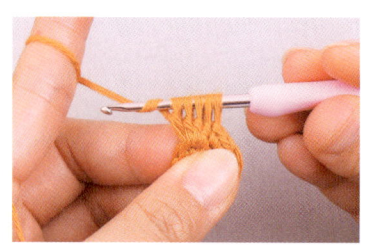

07 실을 한 번 더 감는다.

08 감은 실을 과정 06에서 남은 5줄 사이로 모두 빼낸다.

09 한길긴뜨기 4코 구슬뜨기가 완성된 모습

한길긴뜨기 2코 모아뜨기

01 바늘에 실을 감는다.

02 다음 코에 바늘을 넣는다.

03 실을 한 번 더 감는다.

04 감은 실을 빼내면 바늘 위에 3개의 줄이 생긴다.

05 실을 한 번 더 감는다.

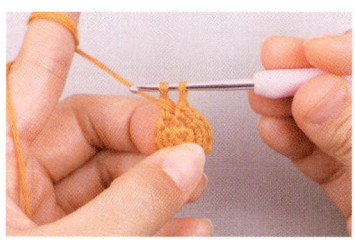

06 감은 실을 과정 **04**에서 남은 3개의 줄 중에서 2줄 사이로 빼내면 바늘 위에 2줄이 남아 있게 된다. 이 상태를 미완성 한길긴뜨기라고 한다.

07 실을 한 번 더 감는다.

08 과정 **02**에서 바늘을 넣었던 코의 다음 코로 바늘을 넣는다.

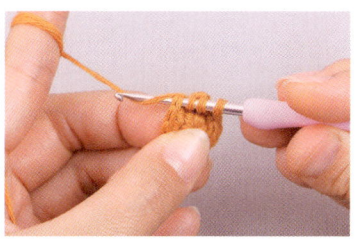

09 실을 감는다.

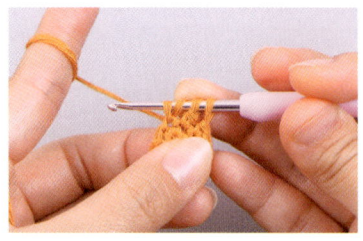
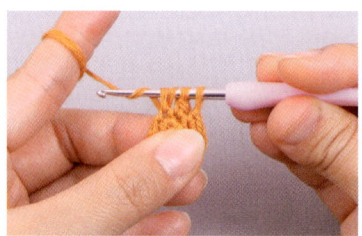
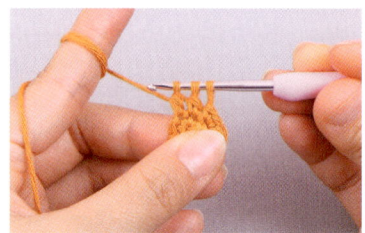

10 감은 실을 빼내면 바늘 위에 4개의 줄이 생긴다.

11 실을 감는다.

12 감은 실을 과정 10에서 남은 4개의 줄 중에서 2줄 사이로 빼내면 바늘 위에 3줄이 남아 있게 된다.

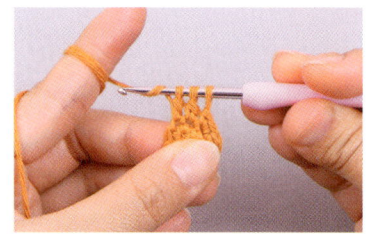

13 실을 감는다.

14 감은 실을 과정 12에서 남은 3개의 줄 사이로 빼내면 한길긴뜨기 2코 모아뜨기가 완성된다.

15 한길긴뜨기 2코 모아뜨기가 완성된 모습

한길긴뜨기 앞걸어뜨기

01 바늘에 실을 감는다.

02 앞단 코의 기둥이 되는 부분에 사진과 같이 코바늘을 넣는다.

03 실을 감는다.

04 감은 실을 빼내면 바늘 위에 3개의 줄이 생기는데 위쪽으로 길게 빼낸다.

05 실을 감는다.

06 감은 실을 과정 **04**에서 남은 3개의 줄 중에서 2줄 사이로 빼내면 바늘 위에 2줄이 남아 있게 된다.

07 실을 한 번 더 감는다.

08 감은 실을 과정 **06**에서 남은 2개의 줄 사이로 빼내면 한길긴뜨기 앞걸어뜨기 1코가 완성된다.

한길긴뜨기 뒤걸어뜨기

01 바늘에 실을 감는다.

02 앞단 코의 기둥이 되는 부분에 사진과 같이 뒤에서 코바늘을 넣는다.

03 기둥이 되는 부분을 걸고 뒤쪽으로 코바늘을 넣은 상태를 뒤쪽에서 본 모습

04 뒤걸어뜨기를 하기 위해 코바늘을 걸어놓은 상태를 겉쪽에서 본 모습

05 실을 감는다.

06 감은 실을 빼내면 바늘 위에 3개의 줄이 생기는데 위쪽으로 길게 빼낸다.

07 실을 감는다.

08 감은 실을 과정 **06**에서 남은 3개의 줄 중에서 2줄 사이로 빼내면 바늘 위에 2줄이 남아 있게 된다.

09 실을 한 번 더 감는다.

10 감은 실을 과정 **08**에서 남은 2개의 줄 사이로 빼내면 한길긴뜨기 뒤걸어뜨기 1코가 완성된다.

11 한길긴뜨기 앞걸어뜨기와 뒤걸어뜨기를 반복하면 사진과 같은 모습이 된다.

⨯ 되돌아 짧은뜨기

01 겉쪽을 보면서 1코 전으로 되돌아가서 뜬다. 사진에서 코바늘이 가리키는 코를 뜰 차례이다.

02 과정 01에서 가리킨 코로 코바늘을 넣는다.

03 실을 감는다.

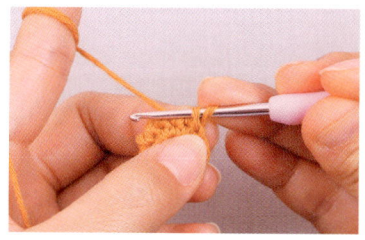 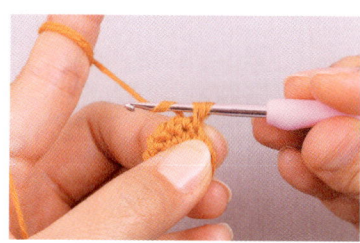 

04 감은 실을 빼내면 사진처럼 바늘 위에 2개의 줄이 생긴다.

05 실을 감는다.

06 감은 실을 2줄 사이로 한 번에 빼낸다.

07 되돌아 짧은뜨기를 뜬 모습

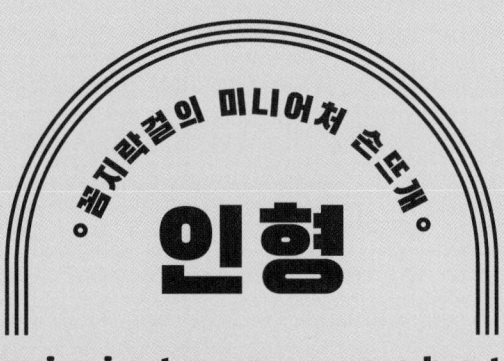

꼼지락걸의 미니어처 손뜨개

인형
miniature crochet

인형 몸체 만들기

How to Make

사용한 실 : 면사(모어 털실) 살구색

- 다리 A는 24단에서 3코만 뜨고 10cm 정도 실을 남기고 가위로 자른 후 남은 실을 바깥쪽으로 빼둔다.
- 다리 B는 24단에서 10코만 뜨고 코바늘을 빼지 않고 그대로 둔다.

인형 몸체 만들기

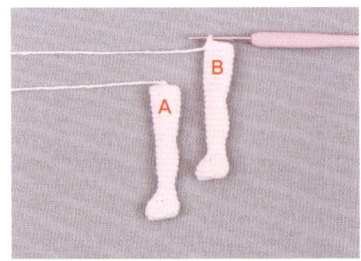

01 도안(62쪽)대로 다리 한쪽(A)을 뜨고 난 후, 다른 다리 한쪽(B)은 실을 자르지 않고 사진과 같이 그대로 둔다.

02 다리 B에서 바로 사슬코 2코를 만든다.

03 왼손으로 다리 A를 갖고 온다.

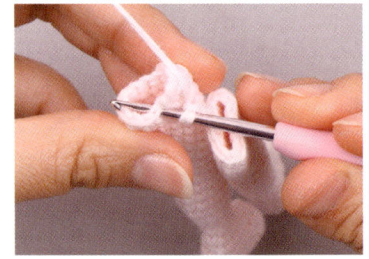

04 다리 A의 첫 코로 바늘을 넣어 뜨기 시작한다.

(Tip) 과정 **01**에서 다리 A를 뜨고 남겨둔 실을 감싸서 뜬다.

05 실을 감는다.

06 감은 실을 위쪽으로 빼내면 코바늘 위에 2줄이 남아 있게 된다.

07 실을 한 번 더 감는다.

08 감은 실을 2줄 사이로 한 번에 빼내면 짧은뜨기 1코가 완성된다.

09 다리 A의 남은 13코 모두 짧은뜨기한 상태이다.

10 과정 **02**에서 만든 사슬코 부분에서 수성펜으로 체크된 사슬의 윗줄에만 바늘을 걸어서 짧은뜨기를 한다.

11 사진에서 코바늘이 가리키는 다리 B의 첫 코부터 짧은뜨기 14코를 뜬다.

12 다리 B를 다 뜬 후에 다시 사슬 부분을 만나게 되는데 과정 **10**에서 사슬의 윗줄에만 짧은뜨기를 했기 때문에 반대편에 남아 있는 한 줄(사진에서 수성펜으로 체크된 한 줄)에만 짧은뜨기를 하면 25단이 완성된다.

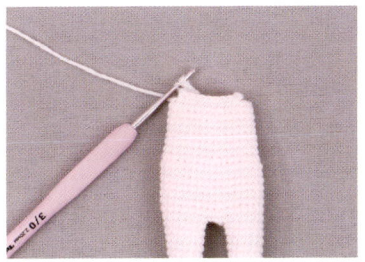

13 도안대로 41단까지 뜬다.

14 42단을 이어서 뜨는데 41단에서 만든 사슬코 부분을 뜰 때, 수성펜으로 체크된 사슬의 윗줄에만 바늘을 걸어서 뜬다. 42단까지 뜬 후에 와이어를 만들어서 끼워 넣고 얼굴 부분을 뜬다.

15 와이어 끝부분(발끝 부분)을 구부린다.

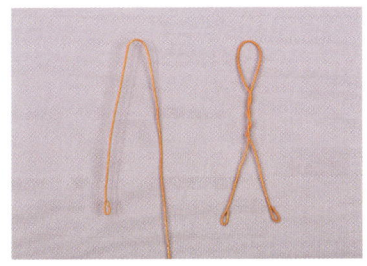

16 사진과 같이 발끝 부분에서 얼굴 부분까지 오도록 와이어의 길이를 잰 후에 오른쪽으로 와이어를 구부린다.

17 몸통이 될 부분부터 와이어와 와이어를 서로 꼬아준다.

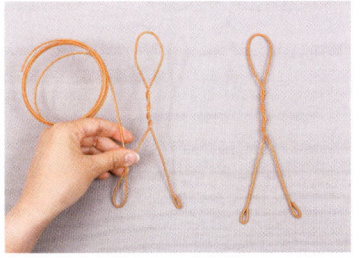

18 과정 **15**와 같은 길이로 놓고 와이어 끝부분(발끝 부분)을 구부린다.

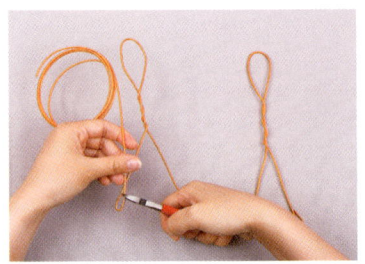

19 펜치로 와이어를 자른다.

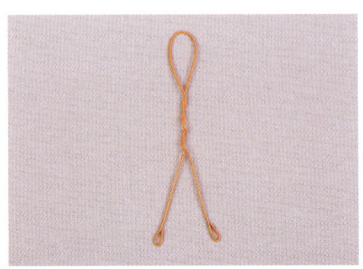

20 몸통 사이에 끼워 넣을 뼈대가 완성된 상태

21 몸통 사이로 뼈대를 끼워 넣는다.

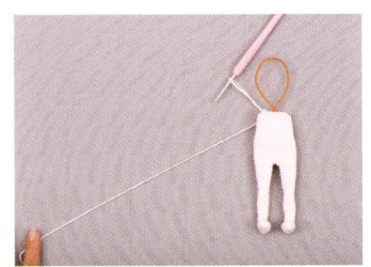

22 뼈대를 끼운 상태

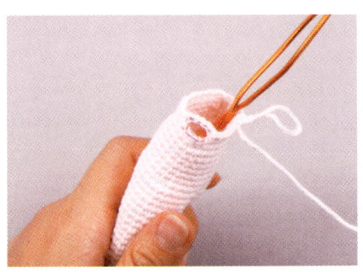

23 41단에서 사슬코를 만들면서 생긴 구멍 부분에 팔을 먼저 뜰 준비를 한다.

24 코바늘이 가리키는 부분(인형의 등쪽)부터 뜰 준비를 한다.

25 아래의 사슬코 4코와 위의 사슬코 4코 사이의 공간에 코바늘을 넣고 새실을 걸어온다.

26 아래의 사슬코부터 사슬 아래로 코바늘을 넣는다.

27 실을 감아온다.

28 감은 실을 위쪽으로 빼내면 코바늘 위에 2줄이 남아 있게 된다.

29 실을 감아온다.

30 감은 실을 2줄 사이로 한 번에 빼내면 짧은뜨기 1코가 완성된다.

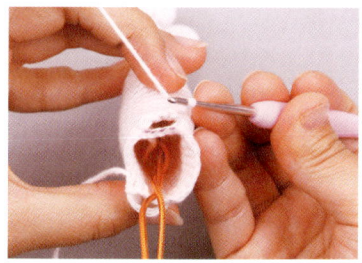

31 과정 **30**에 이어서 짧은뜨기 2코와 짧은뜨기 2코 늘려뜨기를 한 상태

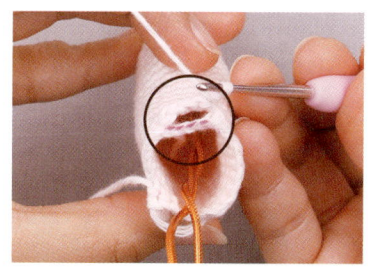

32 41단에서 만든 사슬코 자리(수성펜으로 체크해둔 부분)에 팔의 1단 나머지 반을 뜰 준비를 한다.

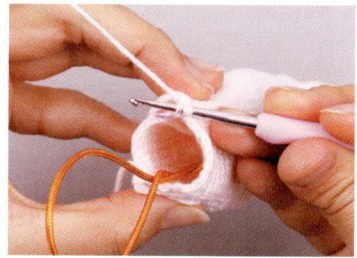

33 41단에서 만든 사슬코 중에서 위의 한 줄로만 코바늘을 넣어 뜨기 시작한다.

34 실을 감아온다.

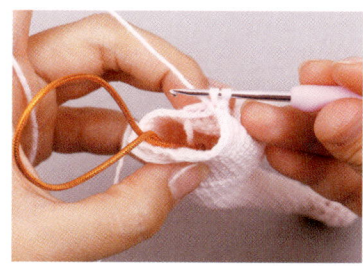

35 감은 실을 위쪽으로 빼내면 코바늘 위에 2줄이 남아 있게 된다.

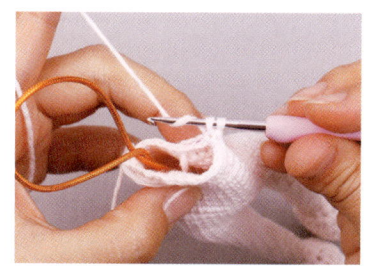

36 실을 감아온다.

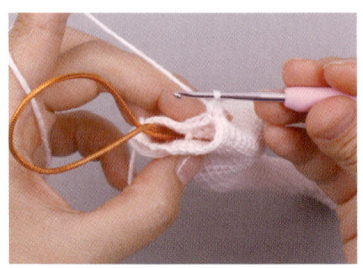

37 감은 실을 2줄 사이로 한 번에 빼내면 짧은뜨기 1코가 완성된다.

38 팔의 1단을 끝까지 뜬다.

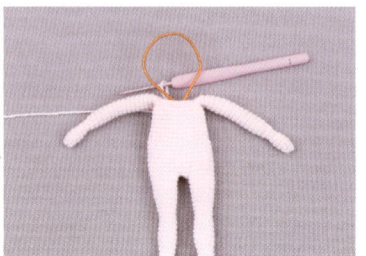

39 양쪽 팔을 도안대로 끝까지 떠서 마무리한다.

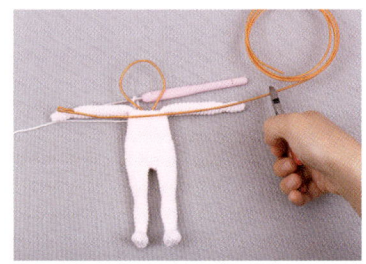

40 팔에 넣을 와이어를 준비한다. 와이어 한쪽 끝은 구부리고, 반대쪽은 펜치로 자른다.

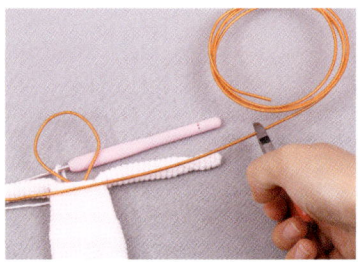

41 팔의 길이보다 조금 길게 자른다.

42 와이어의 남은 한쪽 끝도 팔의 길이에 맞춰서 사진과 같이 구부린다.

43 한쪽 팔부터 끼운다.

44 반대쪽 팔까지 끼운 상태

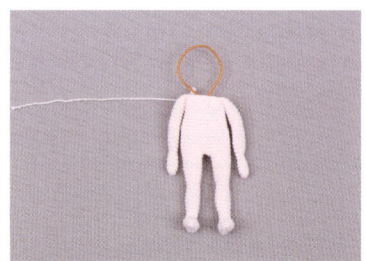

45 몸통과 팔 부분에 와이어를 모두 끼운 상태

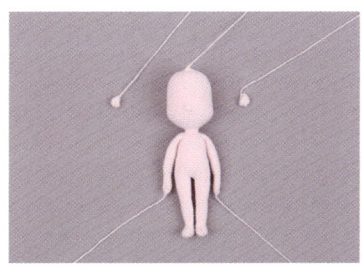

46 도안대로 얼굴과 귀를 뜬 후에 약 40cm 정도 실을 남기고 가위로 자른다. 남은 실을 바깥쪽으로 빼둔다. 머리는 남은 6코를 돗바늘로 통과시킨 후에 잡아당겨서 오므린 다음에 정리한다.

47 귀를 뜨고 남겨놓은 실을 돗바늘에 꿴 후 남긴 실을 가장 끝으로 오게 한다. 귀를 반으로 접어 다음 코에 돗바늘을 넣는 동시에 맞은편 코로 돗바늘을 뺀다.

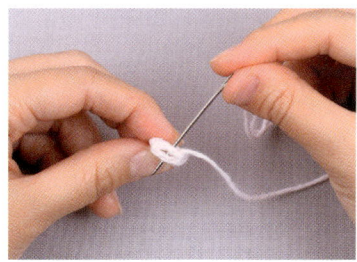

48 다음 코에 사진과 같이 돗바늘을 넣는다.

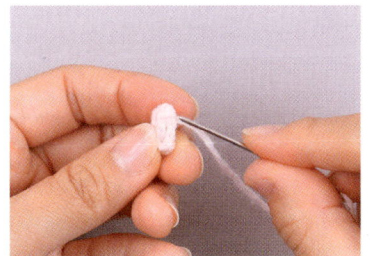

49 남은 코들을 계속 꿰맨다.

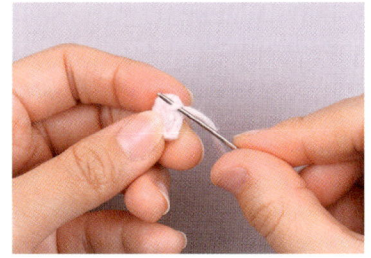

50 마지막 코까지 돗바늘로 꿰맨 후 사진과 같이 끝쪽에 남아 있는 1줄 사이로 돗바늘을 넣고 빼면 귀의 정중앙에 실이 위치한다.

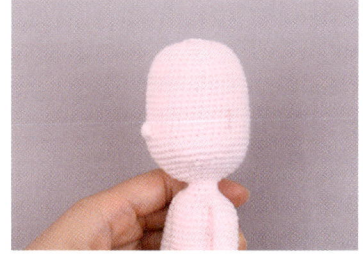

51 사진과 같이 얼굴부분의 56~59단 사이에 귀를 꿰맬 준비를 한다. 팔의 중앙에 오도록 일자로 꿰맨다.

52 위쪽부터 얼굴 앞쪽에서 뒤쪽으로 돗바늘을 넣는다.

53 귀는 바깥쪽에서 안쪽 방향으로 사진과 같이 돗바늘을 넣는다.

54 과정 **52**에서 돗바늘을 넣었던 코의 아래쪽으로 사진과 같이 돗바늘을 넣는다.

55 과정 **53**에서 돗바늘을 넣었던 코의 아래쪽으로 사진과 같이 돗바늘을 넣는다.

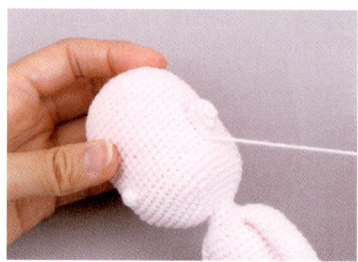

56 실을 당겨가며 끝까지 연결한다.

57 귀를 끝까지 꿰맨 후 끝난 부분 바로 아래로 돗바늘을 넣으며 사진과 같이 다른 곳으로 바늘을 뺀다.

58 바깥쪽에서 매듭을 지어준다.

59 매듭을 진 곳에서 다른 곳으로 돗바늘을 뺀 후 솜 사이로 실을 3~4번 정도 왔다 갔다 해준다.

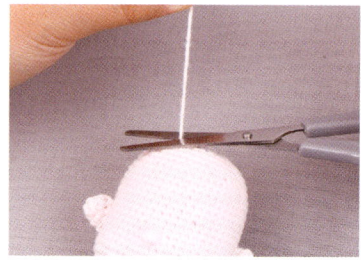

60 남은 실을 바짝 잘라서 정리한다.

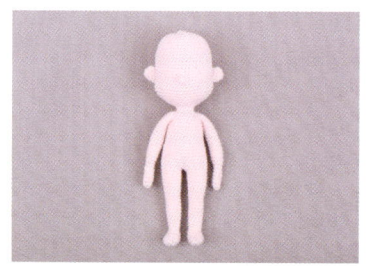

61 팔을 뜨고 남은 실은 돗바늘에 꿰어주고 남은 4코를 통과시킨 후에 잡아당겨서 오므린 다음에 정리한다.

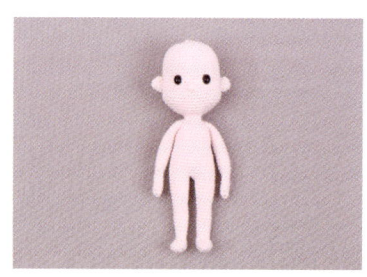

62 사진과 같이 코 부분 위쪽에 나사형 눈을 끼운다.

몸통

× ×○○○○ × × ×××× × × ×○○○ ○ ×× ×× ×	41 (24)
⋀ × ××××× ⋀ × ×××× ⋀ × ×××× ⋀ ×× ×× ×	40 (24)
× ××××× ××××× ××××× ××××× ××× ×	39 (28)
× ××××× ××××× ××××× ××××× ××× ×	38 (28)
× ×××××× ××××× ××××× ××××× ××× ×	37 (28)
× ××××× ××××× ××××× ××××× ××× ×	36 (28)
× ××××× ××××× ××××× ××××× ××× ×	35 (28)
× ××××× ××××× ××××× ××××× ××× ×	34 (28)
⋀ ××××× ⋀ ×××× ⋀ ×××× ⋀ ×××× ⋀	33 (28)
× ××××× ××××× ××××× ××××× ×××	32 (32)
× ××××× ××××× ××××× ××××× ×× ⋀	31 (32)
⋀ ××××× ××××× ××××× ××××× ××× ⋀	30 (33)
⋀ × ××××× ××××× ××××× ××××× ×××× ⋀	29 (35)
⋀ ×× ××××× ××××× ××××× ××××× ××××× ⋀	28 (37)
⋀ ××× ××××× ××××× ××××× ××××× ×××× × ⋀	27 (39)
⋀ ×××× ⋁ ⋁⋁ ×××× ×××× ×××× ×⋁⋁⋁	26 (41)
×× ⋁⋁ ⋁⋁ ××××× ××××× ××××× ××× × × × ×	25 (37)

A CUT ○ ○ B JOIN

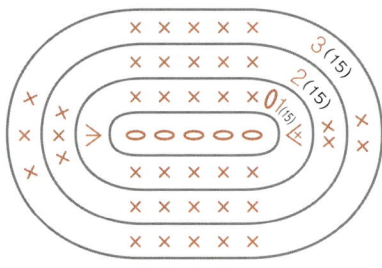
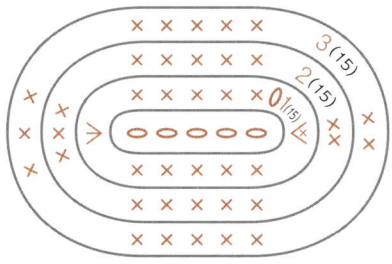

얼굴

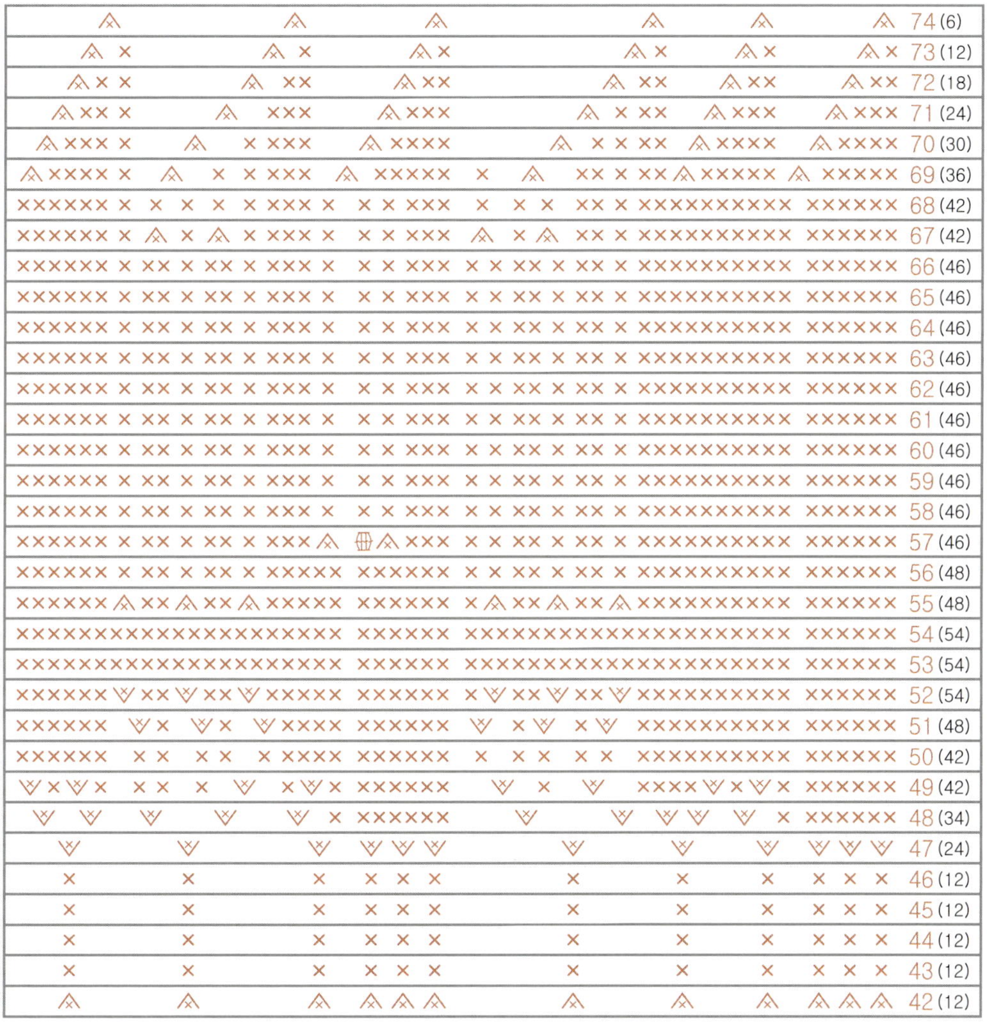

74 (6)
73 (12)
72 (18)
71 (24)
70 (30)
69 (36)
68 (42)
67 (42)
66 (46)
65 (46)
64 (46)
63 (46)
62 (46)
61 (46)
60 (46)
59 (46)
58 (46)
57 (46)
56 (48)
55 (48)
54 (54)
53 (54)
52 (54)
51 (48)
50 (42)
49 (42)
48 (34)
47 (24)
46 (12)
45 (12)
44 (12)
43 (12)
42 (12)

팔-2개

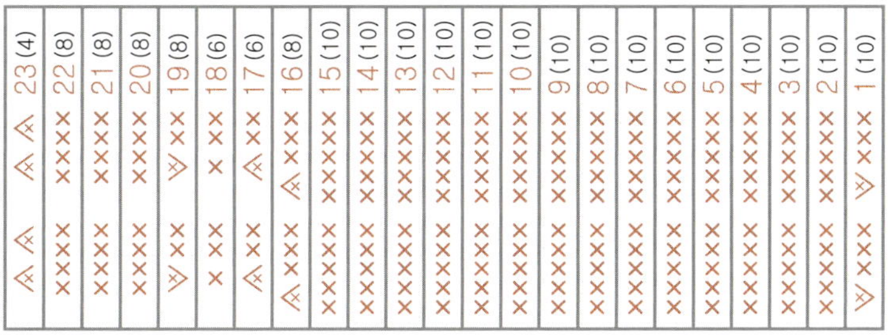

23 (4)
22 (8)
21 (8)
20 (8)
19 (8)
18 (6)
17 (6)
16 (8)
15 (10)
14 (10)
13 (10)
12 (10)
11 (10)
10 (10)
9 (10)
8 (10)
7 (10)
6 (10)
5 (10)
4 (10)
3 (10)
2 (10)
1 (10)

귀-2개

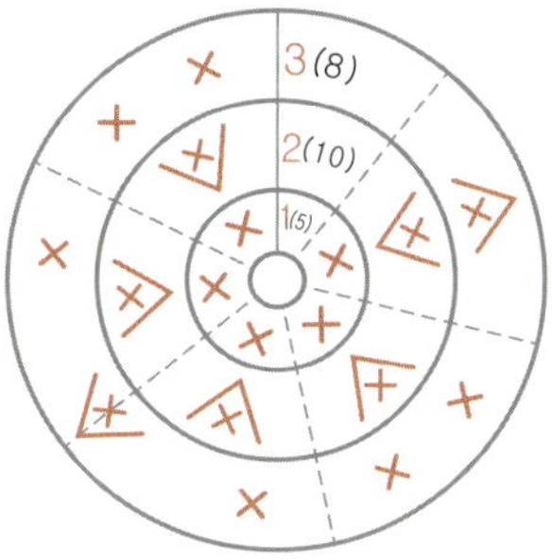

3(8)
2(10)
1(5)

인형 머리카락 만들기
(3가지 헤어스타일)

How to Make

사용한 실 : 순모(헤라 순모)사 검은색, 갈색
• 머리 색상은 원하는 색으로 자유롭게 사용하면 된다.

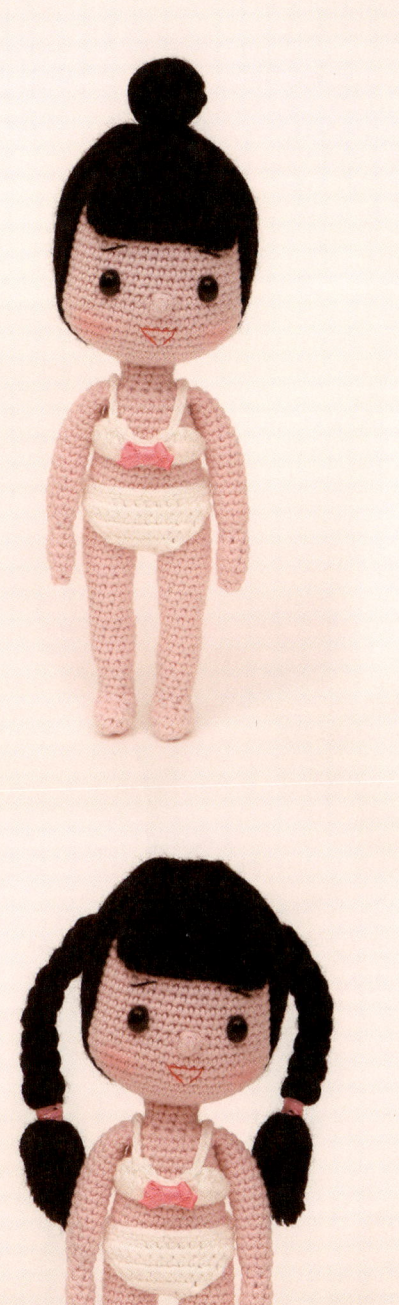

인형 머리카락 만들기

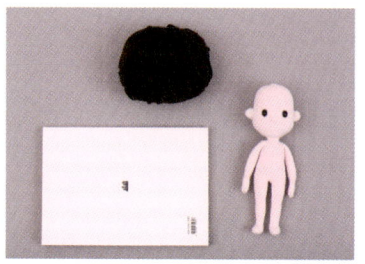

01 인형을 다 뜬 후 순모사와 작은 책 한 권을 준비한다.

02 순모사를 사진과 같이 책에 감아준다.

03 사진과 같이 머리카락이 될 실을 감아 놓는다.

04 책에서 실을 빼낸다.

05 실의 아래쪽을 가위로 자른다.

06 가위로 자른 모습

07 머리카락과 같은 색의 실을 잘라 돗바늘에 끼운 후 한쪽에만 매듭을 지어놓는다.

08 사진과 같이 머리카락을 약 3가닥 정도 올려놓고 얼굴의 가운데 부분에 고정되도록 꿰매기 시작한다(사진에서는 잘 보이도록 다른 색 실을 사용했다).

09 머리 위에 잘 고정되도록 실을 잡아당겨주며 꿰맨다.

10 머리카락을 계속 올려놓으며 박음질 한다.

11 뒤통수까지 잘 가려질 수 있도록 계속 꿰매준다.

12 앞머리가 될 부분을 가위로 자른다.

13 앞머리를 끝까지 자른 모습

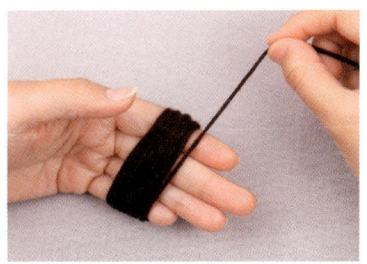

14 사진과 같이 왼손에 두툼하게 실을 감는다.

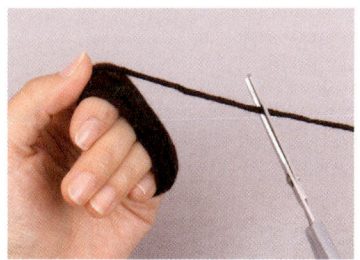

15 실을 자른다.

16 머리카락과 같은 색의 실을 잘라 돗바늘에 끼운 후 한쪽에만 매듭을 짓는다. 뒤통수의 가운데 부분으로 바늘이 나오도록 한다.

17 과정 **14**에서 만든 부분을 놓고 사진과 같이 뒤통수에 고정시킨다.

18 가운데 부분을 고정한 상태

19 과정 17에서 꿰맨 가운데 부분의 왼쪽과 오른쪽도 사진과 같이 꿰매서 고정시킨다.

20 세 군데를 실로 고정한 상태

21 양쪽 끝부분을 가위로 자른다.

22 양쪽 끝부분을 자른 후에 삐죽 튀어나온 실이 없도록 다듬는다.

23 앞 머리카락이 뜨지 않도록 양모 바늘로 찔러서 얼굴에 고정한다. 목공용 풀을 이마에 발라서 고정해도 좋다.

24 과정 23에서 고정한 후에 삐죽삐죽 나온 실들은 가위로 잘라 정리한다.

25 과정 22에서 자른 옆면을 뒤쪽 머리카락을 올려서 가려준다.

26 뒤쪽 머리카락을 올려서 가려준 모습

27 양모바늘로 찔러서 뒤쪽 머리카락을 고정한다.

28 아래쪽도 꼼꼼하게 찔러서 고정시킨다.

29 머리카락을 모두 고정시킨 후 아래쪽을 가위로 잘라서 정리한다.

30 눈썹과 입을 수놓아서 완성한다.

31 앞모습

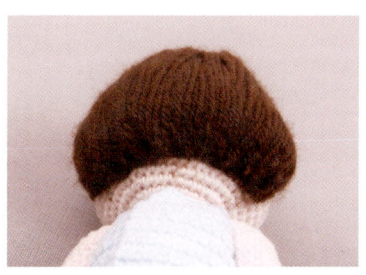

32 뒷모습

33 옆모습

34 윗모습

35 다른 인형의 앞모습이다. 다른 스타일의 머리카락은 과정 **14~26**번 과정을 제외하고 동일하게 머리카락을 만들어준다.

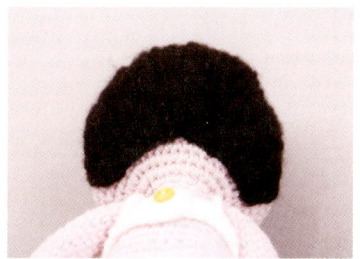

36 뒷모습

37 옆모습

38 윗모습

39 실을 잘라서 머리카락 뚫는 방법과 똑같이 만든 후 고정할 때는 시침핀을 사용한다.

40 다양한 머리카락의 형태를 만들어서 각각 다른 스타일을 연출할 수 있다.

*인형 꾸미기에 사용된 실은 면사(모어 털실)입니다.

How to Make

01 수국 머리띠 p.084
02 비니 p.086
03 요정모자 p.088
04 기본 빵모자 p.090
04-1 토끼 빵모자 p.091
04-2 루돌프 빵모자 p.092
05 밀짚모자 p.094

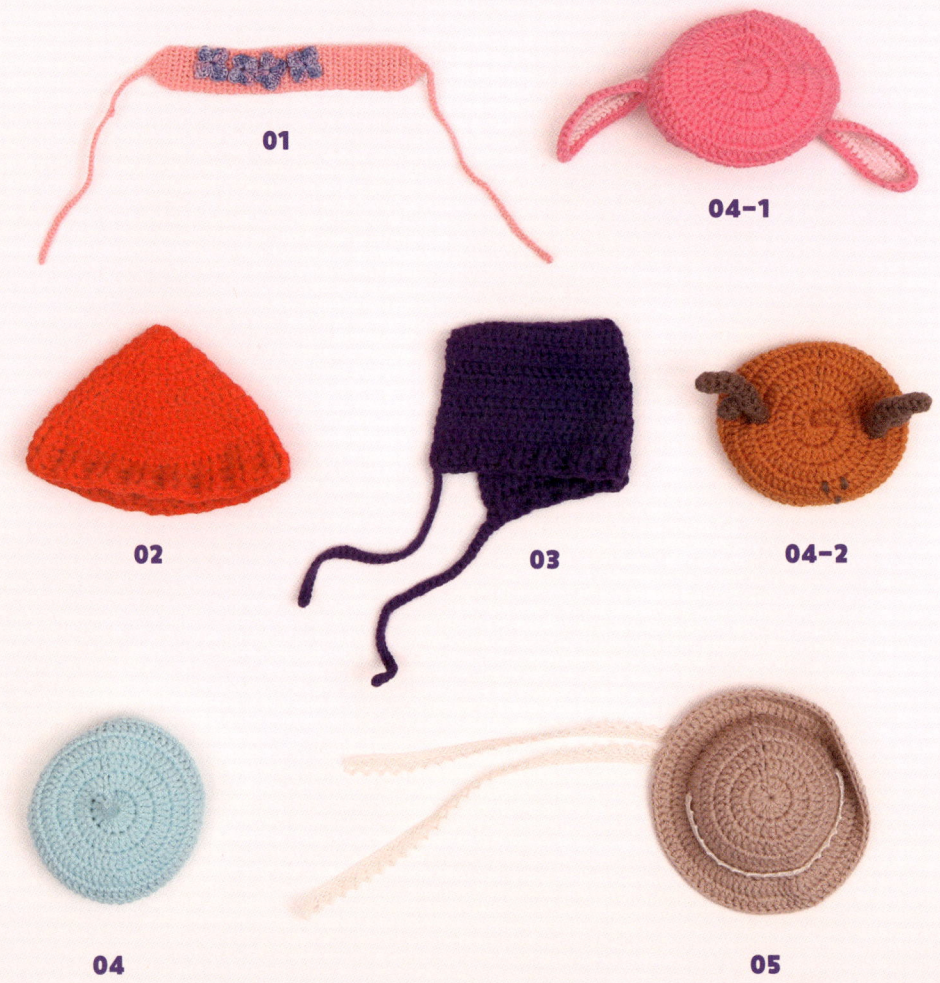

How to Make

06 티셔츠 p.096　　**09** 속옷 p.106
07 민소매 줄무늬 티 p.102　　**10** 잠옷 바지 p.108
08 잠옷 상의 p.104　　**11** 발레복 p.114

06

07

08

09

10

11

12

13

14

15

How to Make

12 주름치마 1(빨간색, 분홍색) p.116

13 주름치마 2(민트색) p.120

14 멜빵치마 p.122

15 드레스 p.124

How to Make

16 나팔바지 p.126
17 반바지 p.128
18 멜빵바지 p.130

16

17

18

How to Make

19 운동화 p.132　　**22** 장화 p.138
20 메리제인 슈즈 p.134　　**23** 발레 슈즈 p.140
21 부츠 p.136　　**24** 룸 슈즈 p.142

19

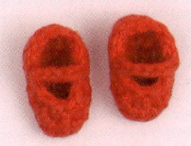

20

21

22

23

24

수국 머리띠

How to Make

사용한 실 : 덴마크 꽃실 69, DMC복합사 4215
사용한 바늘 : 레이스용 코바늘 0호

1. 사슬코 50코와 기둥코 1코를 만든 후 코산 혹은 사슬 윗줄에만 걸어서 빼뜨기 50코를 뜬다. 이어서 사슬코 1코와 기둥코 1코를 만든 후 코산에 넣어서 1단을 뜬다. 47단까지 도안대로 뜬다.
2. 47단에 이어서 사슬코 50코와 기둥코 1코를 만든 후 빼뜨기 50코를 뜬다.

머리띠
덴마크 꽃실 69

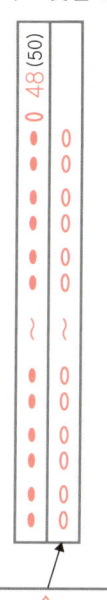

수국
DMC복합사 4215

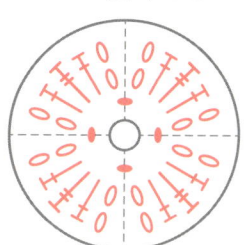

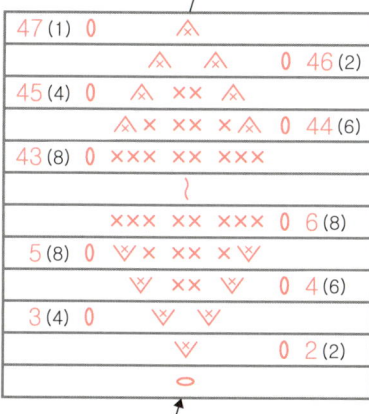

비니

How to Make

사용한 실 : 빨간색

1. 원형코로 뜨기 시작해서 9단까지 뜬다.
2. 10단부터 앞걸어 한길긴뜨기 앞걸어뜨기와 한길긴뜨기 뒤걸어뜨기를 2회씩 반복하며 12단까지 뜬다.
3. 남은 실은 정리하고 10단과 12단 부분의 앞쪽을 접어 올려서 인형의 머리 위에 씌운다.

비니
빨간색 / 3호

ʡʡʡʡʡʡ ʡ ʡʡʡʡʡʡ ʡ ʡʡʡʡʡʡ ʡ ʡʡʡʡʡʡ ʡ ʡʡʡʡʡʡ ʡ ʡʡʡʡʡʡ ʡ ʡʡʡʡʡʡ ʡ ʡʡʡʡʡʡ	12 (64)
ʡʡʡʡʡʡ ʡ ʡʡʡʡʡʡ ʡ ʡʡʡʡʡʡ ʡ ʡʡʡʡʡʡ ʡ ʡʡʡʡʡʡ ʡ ʡʡʡʡʡʡ ʡ ʡʡʡʡʡʡ ʡ ʡʡʡʡʡʡ	11 (64)
ʡʡʡʡʡʡ ʡ ʡʡʡʡʡʡ ʡ ʡʡʡʡʡʡ ʡ ʡʡʡʡʡʡ ʡ ʡʡʡʡʡʡ ʡ ʡʡʡʡʡʡ ʡ ʡʡʡʡʡʡ ʡ ʡʡʡʡʡʡ	10 (64)
††††††† †††††††† ††††††† †††††††† ††††††† †††††††† ††††††† ††††††††	9 (64)
V†††††† V††††††† V†††††† V††††††† V†††††† V††††††† V†††††† V†††††††	8 (64)
V††††† † V††††† † V††††† † V††††† † V††††† † V††††† † V††††† † V†††††	7 (56)
V†††† † V†††† † V†††† † V†††† † V†††† † V†††† † V†††† † V††††	6 (48)
V††† † V††† † V††† † V††† † V††† † V††† † V††† † V†††	5 (40)
V†† † V†† † V†† † V†† † V†† † V†† † V†† † V††	4 (32)
V † V † V † V † V † V † V † V	3 (24)

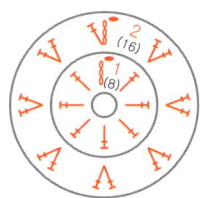

요정모자

How to Make

사용한 실 : 진보라색

1. 사슬코 41코와 기둥코 3코를 만든 후 코산에 한길긴뜨기 41코를 뜬다. 9단까지 도안대로 뜬다.
2. 9단을 모두 뜬 후 사슬코 35코와 기둥코 1코를 만든 후 빼뜨기한다.
3. 35코 빼뜨기한 후 이어서 10단을 뜨기 시작한다. 10단은 앞걸어뜨기와 뒤걸어뜨기를 2코씩 번갈아가며 뜬다.
4. 10단을 끝까지 뜬 후 사슬코 35코와 기둥코 1코를 만든 후 35코 빼뜨기한다.
5. 9단 측면에 빼뜨기하고 남은 실은 편물 안쪽으로 숨긴다.
6. 모자를 반으로 접어서 처음에 만든 사슬코 부분을 감침질한다.

요정모자
진보라색

사슬코 35코 +기둥코 1코

사슬코 41코 +기둥코 3코로 시작

사슬코 35코 +기둥코 1코

기본 빵모자

How to Make

사용한 실 : 민트색

1. 원형코로 뜨기 시작해서 도안(93쪽)대로 끝까지 뜬다.
2. 모자 꼭지 부분을 떠서 모자 가운데 부분에 바늘로 꿰맨다.

토끼 빵모자

How to Make

사용한 실 : 연분홍색, 분홍색

1. 기본 빵모자의 1번 과정과 똑같은 방법으로 모자 부분을 뜬다.
2. 귀 부분은 사슬코 15코와 기둥코 1코를 만들어서 코산으로 넣어서 도안대로 뜬다.
3. 기둥코 1코를 만든 후 편물을 반대쪽으로 돌려 2단을 뜨다가 마지막에 실색을 바꾼다.
4. 기둥코 1코를 만든 후 편물을 반대쪽으로 돌려 3단을 뜬다.
5. 같은 방법으로 귀 한쪽을 더 만들어서 모자 위에 바늘로 꿰맨다.

루돌프 빵모자

How to Make

사용한 실 : 황토색, 진갈색

1. 기본 빵모자의 1번 과정과 똑같은 방법으로 모자 부분을 뜬다.
2. 뿔 2개를 도안대로 뜬 후 빵모자 위에 바늘로 꿰맨다.
3. 작은 뿔 2개를 도안대로 뜬 후에 뿔의 옆면에 바늘로 꿰맨다.

빵모자
민트색 / 황토색 / 분홍색

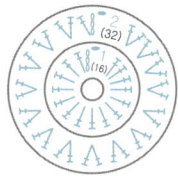

루돌프 모자_큰 뿔
진갈색 / 3호

루돌프 모자_작은 뿔
진갈색 / 3호

민트모자_꼭지
민트색 / 3호

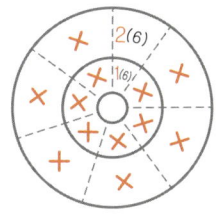

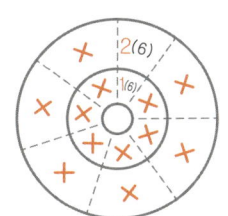

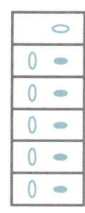

토끼 모자_귀 2개
1~2단 연분홍색, 3단 분홍색 / 3호

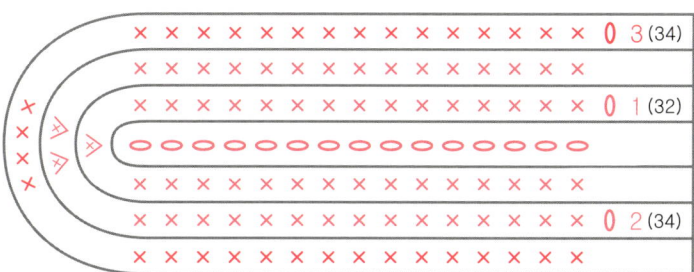

밀짚모자

How to Make

사용한 실 : 베이지색

1. 원형코로 뜨기 시작해서 4단까지 뜬다.
2. 5단을 도안대로 뜨되 이랑뜨기로 뜬다.
3. 6단을 모두 뜬 후 빼뜨기해서 마무리한다.
4. 4단의 코와 코 사이에 레이스를 끼워서 장식한다.

밀짚모자

베이지색 / 3호

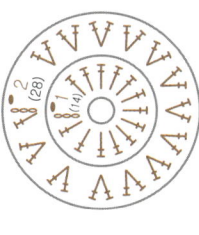

티셔츠

How to Make

사용한 실 : 흰색

몸판 만들기

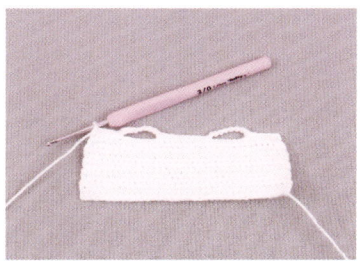  

01 사슬코 36코와 기둥코 1코를 만든 후 코산에 짧은뜨기 36코를 뜬다. 11단까지 도안(101쪽)대로 뜬다. 12단은 짧은뜨기 6코를 뜨고 사슬 8코를 만든 후에 6코는 뜨지 않고 7번째 코부터 짧은뜨기 10코를 뜬다. 다시 사슬 8코를 뜬 후에 6코는 뜨지 않고 7번째 코부터 짧은뜨기 6코를 뜬다.

02 기둥코 1코를 만든다.

03 편물을 반대쪽으로 돌린다.

04 기둥코 1코를 제외하고 첫 코에 코바늘을 넣어서 13단을 뜨기 시작한다.

05 13단의 짧은뜨기 6코를 뜬 상태

06 12단에서 만들었던 사슬코 8코 중에서 코바늘이 가리키는 곳에서 첫 코를 뜰 준비를 한다.

07 사진과 같이 사슬코 중에서 위의 한 줄로만 코바늘을 넣는다.

08 실을 감아온다.

09 감은 실을 위쪽으로 빼내면 코바늘 위에 2줄이 남아 있게 된다.

10 실을 감아온다.

11 감은 실을 2줄 사이로 한 번에 빼내면 짧은뜨기 1코가 완성된다.

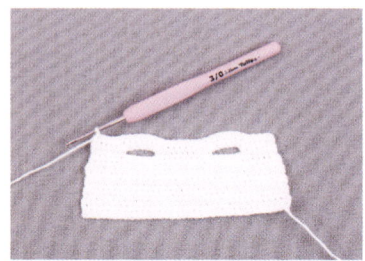

12 도안대로 14단의 끝까지 뜬 상태

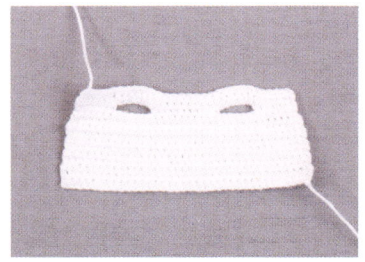

13 약 20cm 정도 실을 남기고 가위로 자른다.

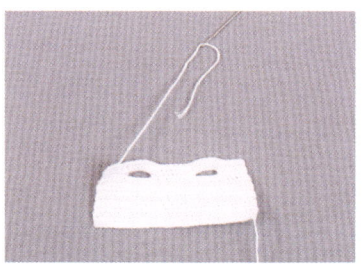

14 남은 실을 돗바늘에 꿰어놓는다.

15 편물의 안쪽으로 남긴 실을 숨긴다.

16 실이 풀려나오지 않도록 옆쪽으로 계속 실을 숨긴다.

17 남은 실을 가위로 잘라서 정리한다.

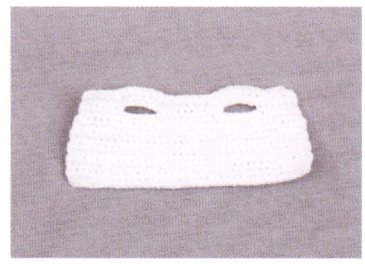

18 상의 부분 완성

소매 만들기

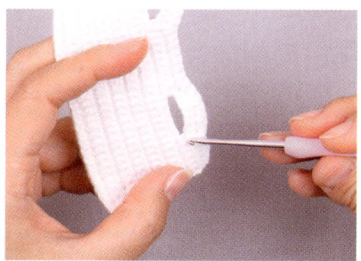

01 코바늘이 가리키는 코에서 새실을 가져올 준비를 한다. 상의 부분의 바깥쪽부터 뜨기 시작한다.

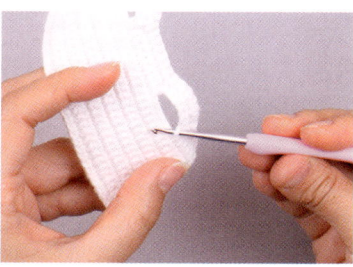

02 아래쪽 사슬 6코와 위의 사슬 8코 사이의 공간에 코바늘을 넣는다.

03 새실을 걸어온다.

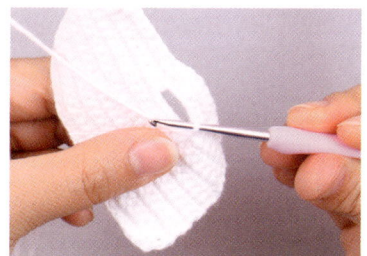

04 새실을 위쪽으로 빼낸다.

05 아래쪽 첫 번째 사슬부터 소매를 뜨기 시작한다.

06 실을 감아온다.

07 감은 실을 위쪽으로 빼내면 코바늘 위에 2줄이 남아 있게 된다.

08 실을 감아온다.

09 감은 실을 2줄 사이로 한 번에 빼내면 짧은뜨기 1코가 완성된다.

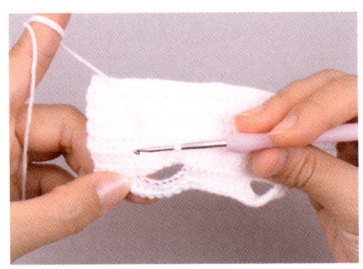

10 상의 만들기 과정 **07**에서 사슬코 중 한 줄로만 코바늘을 넣어 뜬 후 남은 줄(수성펜으로 체크해둔 부분)에 계속해서 소매의 1단을 뜬다.

11 과정 **10**에서 체크해둔 사슬코 중 첫 번째 코에 코바늘을 넣는다.

12 실을 감아온다.

13 감은 실을 위쪽으로 빼내면 코바늘 위에 2줄이 남아 있게 된다.

14 실을 감아온다.

15 감은 실을 2줄 사이로 한 번에 빼내면 짧은뜨기 1코가 완성된다.

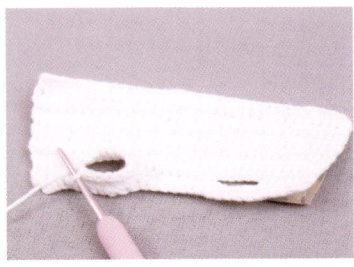

16 소매 1단을 뜬 상태

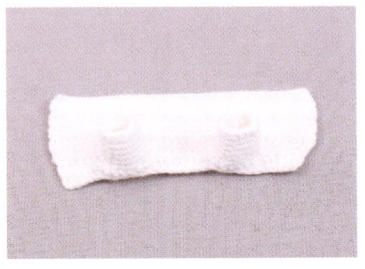

17 양쪽 소매를 도안대로 뜬 후 남은 실은 돗바늘로 편물 안쪽으로 숨겨서 마무리한다.

티셔츠
흰색 / 3호

14 (30)	0	×	×	×	×	⋀	×	×	×	×	×	×	×	×	⋀	×	×	×	×	×	×	⋀	×	×	×	×	×	×	⋀	×	×	×	×				
		×	×	×	×	×	×	×	×	×	×	×	⋀	×	⋀	×	×	×	×	×	×	×	⋀	×	×	×	×	×	×	×	×	×	×	×	0	13 (34)	
12 (38)	0	×	×	×	×	×	×	×	×	×	∘	∘	∘	∘	∘	∘	×	×	×	×	∘	∘	∘	∘	∘	∘	×	×	×	×	×	×	×	×			
		×	×	×	×	×	×	×	×	×	×	×	×	×	×	×	×	×	×	×	×	×	×	×	×	×	×	×	×	×	×	×	×	×	0	11 (34)	
10 (34)	0	⋀	×	×	×	×	×	×	×	×	×	×	×	×	×	×	×	×	×	×	×	×	×	×	×	×	×	×	×	×	×	×	⋀				
		×	×	×	×	×	×	×	×	×	×	×	×	×	×	×	×	×	×	×	×	×	×	×	×	×	×	×	×	×	×	×	×	×	0	9 (24)	
8 (36)	0	×	×	×	×	×	×	×	×	×	×	×	×	×	×	×	×	×	×	×	×	×	×	×	×	×	×	×	×	×	×	×	×	×			
		×	×	×	×	×	×	×	×	×	×	×	×	×	×	×	×	×	×	×	×	×	×	×	×	×	×	×	×	×	×	×	×	×	0	7 (24)	
6 (36)	0	×	×	×	×	×	×	×	×	×	×	×	×	×	×	×	×	×	×	×	×	×	×	×	×	×	×	×	×	×	×	×	×	×			
		×	×	×	×	×	×	×	×	×	×	×	×	×	×	×	×	×	×	×	×	×	×	×	×	×	×	×	×	×	×	×	×	×	0	5 (24)	
4 (36)	0	×	×	×	×	×	×	×	×	×	×	×	×	×	×	×	×	×	×	×	×	×	×	×	×	×	×	×	×	×	×	×	×	×			
		×	×	×	×	×	×	×	×	×	×	×	×	×	×	×	×	×	×	×	×	×	×	×	×	×	×	×	×	×	×	×	×	×	0	3 (24)	
2 (36)	0	×	×	×	×	×	×	×	×	×	×	×	×	×	×	×	×	×	×	×	×	×	×	×	×	×	×	×	×	×	×	×	×	×			
		×	×	×	×	×	×	×	×	×	×	×	×	×	×	×	×	×	×	×	×	×	×	×	×	×	×	×	×	×	×	×	×	×	0	1 (36)	
		∘	∘	∘	∘	∘	∘	∘	∘	∘	∘	∘	∘	∘	∘	∘	∘	∘	∘	∘	∘	∘	∘	∘	∘	∘	∘	∘	∘	∘	∘	∘	∘	∘			

양쪽소매
흰색 / 3호

•	××	××	××	××	××	××	××	6	(14)
	××	××	××	××	××	××	××	5	(14)
	××	××	××	××	××	××	××	4	(14)
	××	××	××	××	××	××	××	3	(14)
	××	××	××	××	××	××	××	2	(14)
	××	××	××	××	××	××	××	1	(14)

민소매 줄무늬 티

How to Make

사용한 실 : 회색, 흰색

1. 사슬코 36코와 기둥코 1코를 만들어서 11단까지 도안대로 뜬다.
2. 12단에서 짧은뜨기 6코, 사슬코 8코를 뜬 후 6코는 뜨지 않고 7번째 코로 바늘을 넣어 10코의 짧은뜨기를 뜬다. 이어서 사슬코 8코를 뜬 후 6코는 뜨지 않고 7번째 코로 바늘을 넣어 짧은뜨기 6코를 뜬다.
3. 14단까지 도안대로 뜬다.

민소매 티셔츠

1~2단 회색/3~4단 흰색/5~6단 회색/7~8단 흰색/9~10단 회색/11~12단 흰색/13~14단 회색

잠옷 상의

How to Make

사용한 실 : 하늘색

1. 사슬코 54코와 기둥코 1코를 만든 후 코산에 짧은뜨기한다. 16단까지 도안대로 뜬다.
2. 17단의 짧은뜨기 6코를 뜬 후에 사슬코 7코를 만든다. 아래쪽 16단에서 7코를 스킵하고 8번째 코로 바늘을 넣어 짧은뜨기 10코를 뜬다. 이어서 사슬코 7코를 만들고 아래 단에서 7코를 스킵한 후 8번째 코부터 짧은뜨기 6코를 뜬다.
3. 18단을 도안대로 뜬다(17단에서 만든 사슬코 부분을 뜰 때는 사슬코 중에서 위쪽 한 줄만 걸어서 뜬다).
4. 상의 가운데 부분에 분홍색 양모를 펀칭하여 모양을 만든다. 흰색과 갈색 양모로 코 부분을 만들어서 얼굴 가운데에 펀칭하거나 바느질로 꿰매서 고정한다. 코 부분의 양쪽에 단추형 눈을 꿰매서 완성한다.

잠옷 상의

하늘색 3호

속옷

How to Make

사용한 실 : 흰색

1. 속옷의 하의 부분은 사슬코 16코와 기둥코 1코를 만들어서 도안대로 19단까지 뜬다.
2. 20단은 원통으로 합체하며 1단의 16코와 19단의 16코에 짧은뜨기를 해서 32코가 된다.
3. 속옷의 상의 부분은 사슬코 36코와 기둥코 1코를 만들어서 도안대로 1단을 뜬다.
4. 기둥코 1코를 만든 후 편물을 뒤집어서 2단을 뜨기 시작한다. 짧은뜨기 1코, 사슬코 2코(=단추 구멍), 짧은뜨기 4코를 뜨고 사슬코 14코를 이어서 뜬다. 1단에서 뜬 두길긴뜨기 3코 늘려뜨기 두 번째 코에 빼뜨기하기 시작해서 도안대로 끝까지 뜬다.
5. 단추 구멍의 반대쪽에 단추를 꿰맨다.

속옷-하의
흰색 / 3호

19단까지 뜬 후에 원통으로 만들어서 짧은뜨기를 한바퀴 뜹니다.

속옷-상의
흰색 / 3호

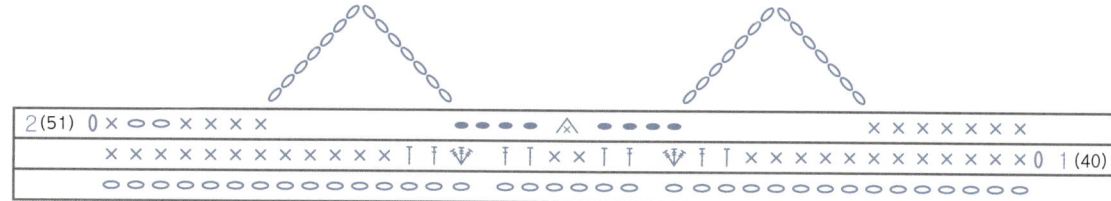

잠옷 바지

How to Make

사용한 실 : 흰색

잠옷 바지 만들기

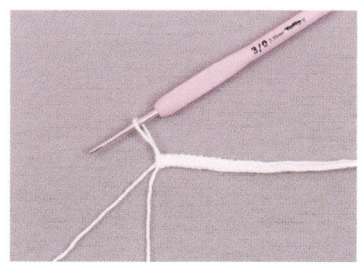

01 사슬코 32코와 기둥코 1코를 만든 후 코산에 넣어 짧은뜨기 32코를 뜬다.

02 1단이 사진과 같이 원통의 형태가 되도록 잡고 1단의 첫 코로 코바늘을 넣을 준비를 한다.

03 과정 02에서 가리킨 첫 코로 코바늘을 넣는다.

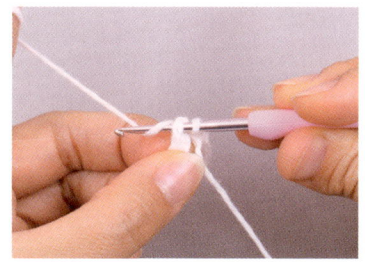

04 실을 감아온다.

05 감은 실을 위쪽으로 빼내면 코바늘 위에 2줄이 남아 있게 된다.

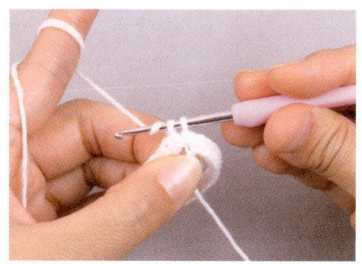

06 실을 감아온다.

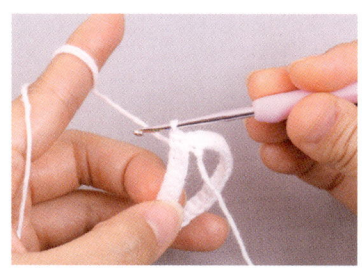

07 감은 실을 2줄 사이로 한 번에 빼내면 짧은뜨기 1코가 완성된다.

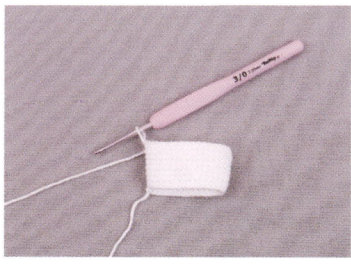

08 도안(113쪽)대로 8단까지 뜬다.

09 코 늘리기를 하며 9단 24코 자리까지 뜬다.

10 과정 09까지 뜬 후에 편물을 반대로 돌린다.

11 과정 09를 뜨기 시작했던 첫 코(수성 펜으로 체크된 자리)부터 10단을 뜰 준비

12 사진과 같이 코바늘을 넣는다.

13 실을 감아온다.

14 감은 실을 위쪽으로 빼내면 코바늘 위에 2줄이 남아 있게 된다.

15 실을 감아온다.

16 감은 실을 2줄 사이로 한 번에 빼내면 짧은뜨기 1코가 완성된다.

17 바지 한쪽을 10단까지 뜬 상태

18 도안대로 15단까지 뜬 후 약 20cm 정도 실을 남기고 자른다.

19 반대쪽 바지통을 뜨기 위해 사진과 같이 가랑이 부분에 코바늘을 넣는다.

20 새실을 걸어온다.

21 걸어온 실을 빼낸다.

22 남아 있는 사슬코 16코 중에서 코바늘이 가리키는 첫 코에 9단을 뜰 준비

23 과정 22에서 가리킨 첫 코로 코바늘을 넣는다.

24 실을 감아온다.

25 감은 실을 위쪽으로 빼내면 코바늘 위에 2줄이 남아 있게 된다.

26 실을 감아온다.

27 감은 실을 2줄 사이로 한 번에 빼내면 짧은뜨기 1코가 완성된다.

28 도안대로 15단까지 뜬 후 남은 실은 모두 편물 안쪽으로 숨겨서 정리한다.

잠옷 바지

흰색 3호

발레복

How to Make

사용한 실 : 흰색

1. 속옷의 하의 부분과 동일하게 1~20단을 뜨되 20단의 이랑뜨기 부분에 유의하며 뜬다.
2. 도안대로 끝까지 뜬다.
3. 20단에 생긴 이랑뜨기 부분에 새실을 걸어와 치마 부분을 도안대로 뜬다.

치마
흰색 / 3호

발레복
흰색 / 3호

사슬코 35코+기둥코 1코

주름치마 1

How to Make

사용한 실 : 빨간색, 분홍색

주름치마 1

치마 옆선 잇기

01 도안(118쪽)대로 치마를 끝까지 뜬 후에 약 40cm 정도 실을 남기고 잘라서 위쪽으로 실을 빼낸다. 1단을 뜰 때 남겨뒀던 실은 돗바늘에 꿰어놓는다.

02 남은 실은 편물 안쪽으로 숨긴다.

03 실을 잘라 정리한다.

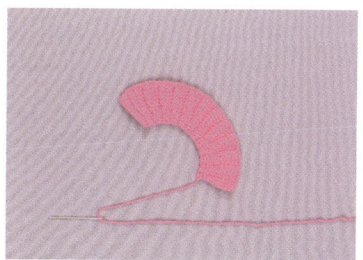

04 다 뜨고 남겨놓은 약 40cm의 실을 돗바늘에 꿰어놓는다.

05 사진과 같이 치마의 1단과 마지막 단이 겹치도록 둔 후에 첫 번째 코와 코 사이로 돗바늘을 통과시킨다.

06 실을 당겨서 빼낸다.

07 과정 05에서 돗바늘을 넣었던 코의 다음 코로 사진과 같은 방향으로 돗바늘을 통과시키며 감침질한다.

08 끝까지 꿰맨 후 남은 실은 편물의 안쪽으로 숨긴 후 정리한다.

주름치마

분홍색, 빨간색 3호

24 (12)	┃ ｉ ｉ ｉ ｉ ｉ ｉ ｉ × × ×	
	ｉ ｉ ｉ ｉ ｉ ｉ ｉ × × × 0	23 (12)
22 (12)	┃ ｉ ｉ ｉ ｉ ｉ ｉ ｉ × × ×	
	ｉ ｉ ｉ ｉ ｉ ｉ ｉ × × × 0	21 (12)
20 (12)	┃ ｉ ｉ ｉ ｉ ｉ ｉ ｉ × × ×	
	ｉ ｉ ｉ ｉ ｉ ｉ ｉ × × × 0	19 (12)
18 (12)	┃ ｉ ｉ ｉ ｉ ｉ ｉ ｉ × × ×	
	ｉ ｉ ｉ ｉ ｉ ｉ ｉ × × × 0	17 (12)
16 (12)	┃ ｉ ｉ ｉ ｉ ｉ ｉ ｉ × × ×	
	ｉ ｉ ｉ ｉ ｉ ｉ ｉ × × × 0	15 (12)
14 (12)	┃ ｉ ｉ ｉ ｉ ｉ ｉ ｉ × × ×	
	ｉ ｉ ｉ ｉ ｉ ｉ ｉ × × × 0	13 (12)
12 (12)	┃ ｉ ｉ ｉ ｉ ｉ ｉ ｉ × × ×	
	ｉ ｉ ｉ ｉ ｉ ｉ ｉ × × × 0	11 (12)
10 (12)	┃ ｉ ｉ ｉ ｉ ｉ ｉ ｉ × × ×	
	ｉ ｉ ｉ ｉ ｉ ｉ ｉ × × × 0	9 (12)
8 (12)	┃ ｉ ｉ ｉ ｉ ｉ ｉ ｉ × × ×	
	ｉ ｉ ｉ ｉ ｉ ｉ ｉ × × × 0	7 (12)
6 (12)	┃ ｉ ｉ ｉ ｉ ｉ ｉ ｉ × × ×	
	ｉ ｉ ｉ ｉ ｉ ｉ ｉ × × × 0	5 (12)
4 (12)	┃ ｉ ｉ ｉ ｉ ｉ ｉ ｉ × × ×	
	ｉ ｉ ｉ ｉ ｉ ｉ ｉ × × × 0	3 (12)
2 (12)	┃ ｉ ｉ ｉ ｉ ｉ ｉ ｉ × × ×	
	Ｔ Ｔ Ｔ Ｔ Ｔ Ｔ Ｔ Ｔ Ｔ × × × 0	1 (12)
	○ ○ ○ ○ ○ ○ ○ ○ ○ ○ ○	

주름치마 2

How to Make

사용한 실 : 민트색

1. 사슬코 78코와 기둥코 1코를 만들어 코산으로 넣어서 짧은뜨기를 뜬다.
2. 2단부터 원통으로 만들어서 끝까지 뜬다.

주름치마2
민트색 3호

멜빵치마

How to Make

사용한 실 : 분홍색

1. 1~30단까지 도안대로 뜬 후 31단은 옆면 부분에 짧은뜨기하여 원통으로 만들어준다.
2. 32~37단까지 멜빵의 앞쪽 부분을 만들어준다.
3. 치마 옆선을 바늘로 감침질한다.
4. 도안에서 체크된 자리에 새실을 가져와 멜빵끈 부분을 만들어준다.
5. 치마 위쪽의 양쪽에 단추를 꿰맨다.

멜빵치마
분홍색 / 3호

사슬코는 30코를 뜬 후에 7코는 뜨지 않고 8번째 코부터 뜨기

31단에서 원통으로 합체

드레스

How to Make

사용한 실 : 연보라색

1. 사슬코 77코와 기둥코 3코를 만든 후 코산에 넣어 한길긴뜨기를 뜬다. 12단까지 도안대로 치마 부분을 뜬다.

2. 13단에서 짧은뜨기 3코 모아뜨기를 떠야 할 부분을 모두 뜨면 치마 부분의 콧수가 줄어들어 상의 부분을 뜰 준비가 된다.

3. 20단까지 도안대로 뜬다. 21단의 짧은뜨기 5코를 뜬 후에 사슬코 8코를 만든다. 아래쪽 20단에서는 6코를 스킵하고 7번째 코로 바늘을 넣어 짧은뜨기 8코를 뜬다. 이어서 사슬코 8코를 뜨고 아래는 6코를 스킵한 후 7번째 코부터 짧은뜨기 5코를 뜬다.

4. 22단을 도안대로 뜬다(21단에서 만든 사슬코 부분을 뜰 때는 사슬코 중에서 위쪽 한 줄만 걸어서 뜬다).

5. 왼쪽, 오른쪽 소매를 각각의 도안대로 뜬다(99쪽 소매 만들기 참고). 2단에서 코가 늘어나는 부분이 어깨의 윗부분이 되어야 한다.

드래스
연보라색 3호

오른쪽 소매
연보라색 3호

왼쪽 소매
연보라색 3호

나팔바지

(108쪽 잠옷 바지 만드는 법 참고)

How to Make

사용한 실 : 파란색

1. 사슬코 30코와 기둥코 1코를 만든 후 코산에 짧은뜨기한다. 2단부터 원통을 만들어서 8단까지 도안대로 뜬다.
2. 9단에서 15코만 짧은뜨기한 후 편물을 반대로 돌려서 9단의 첫 번째 코로 바늘을 넣어서 10단을 뜨기 시작한다. 22단까지 도안대로 뜬다.
3. 새실을 걸어와서 반대쪽 바지통을 도안대로 끝까지 뜬다.

나팔바지
파란색 3호

●xxxxx xxxxxx xxx xxxxxx xxx	●xxxxxx xxxxxx xxx xxxxxx xxx	22 (24)
⩔xxxx xx⩔xx xxx x⩔xxx xxx	⩔xxxx xx⩔xx xxx x⩔xxx xxx	21 (24)
x xxxx xx xxx xx x xxx xxx	x xxxx xx xxx xx x xxx xxx	20 (21)
x xxxx xx xxx xx x xxx xxx	x xxxx xx xxx xx x xxx xxx	19 (21)
x xxxx xx xxx xx x xxx xxx	x xxxx xx xxx xx x xxx xxx	18 (21)
⩔ xxx ⩔ xx xx ⩔ x xxx	⩔ xxx ⩔ xx xx ⩔ x xxx	17 (21)
x xxx x xx x x x xxx	x xxx x xx x x x xxx	16 (18)
x xxx x xx x x x xxx	x xxx x xx x x x xxx	15 (18)
x xxx x xx x x x xxx	x xxx x xx x x x xxx	14 (18)
⩔ xx xx ⩔ xxx x ⩔ x xxx	⩔ xx xx ⩔ xxx x ⩔ x xxx	13 (18)
x xx xx x xxx x x xxx	x xx xx x xxx x x xxx	12 (15)
x xx xx x xxx x x xxx	x xx xx x xxx x x xxx	11 (15)
x xx xx x xxx x x xxx	x xx xx x xxx x x xxx	10 (15)
x xx xx x xxx x x xxx	x xx xx x xxx x x xxx	9 (15)
x xx xx x xxx x x xxx	x xx xx x xxx x x xxx	8 (30)
x xxx xx x xxx x x xxx	x xx xx x xxx x x xxx	7 (30)
x xx xx x xxx x x xxx	x xx xx x xxx x x xxx	6 (30)
x xx xx x xxx x x xxx	x xx xx x xxx x x xxx	5 (30)
x xxx xx x xxx x x xxx	x xx xx x xxx x x xxx	4 (30)
x xx xx x xxx x x xxx	x xx xx x xxx x x xxx	3 (30)
x xx xx x xxx x x xxx	x xx xx x xxx x x xxx	2 (30)
x xx xx x xxx x xxx	x xx xx x xxx x x xxx 0	1 (30)
ooooo o oooo o oooo	ooooo o oooo o oooo	

2) 반대쪽 다리 뜨기

1) 한쪽 다리(반쪽) 먼저 뜨기
　(9단을 뜬 후에 10단에서 원통 합체)

반바지

How to Make

사용한 실 : 분홍색

1. 사슬코 30코와 기둥코 1코를 만들어서 1단을 뜬다.
2. 2단에서 원통으로 합체하여 8단까지 도안대로 뜬다.
3. 바지 양쪽을 반씩 나눠서 뜬다(108쪽 잠옷 바지 참고).

반바지
분홍색 3호

●×× ××× ××× ××× ×××	××× ××× ××× ××× ×××	11 (15)
××× ××× ××× ××× ×××	××× ××× ××× ××× ×××	10 (15)
××× ××× ××× ××× ×××	××× ××× ××× ××× ×××	9 (15)
××× ××× ××× ××× ×××	××× ××× ××× ××× ×××	8 (30)
××× ××× ××× ××× ×××	××× ××× ××× ××× ×××	7 (30)
××× ××× ××× ××× ×××	××× ××× ××× ××× ×××	6 (30)
××× ××× ××× ××× ×××	××× ××× ××× ××× ×××	5 (30)
××× ××× ××× ××× ×××	××× ××× ××× ××× ×××	4 (30)
××× ××× ××× ××× ×××	××× ××× ××× ××× ×××	3 (30)
××× ××× ××× ××× ×××	××× ××× ××× ××× ×××	2 (30)
××× ××× ××× ××× ×××	××× ××× ××× ××× ××0	1 (30)
○○○ ○○○ ○○○ ○○○ ○○○	○○○ ○○○ ○○○ ○○○ ○○○	

2) 반대쪽 다리 뜨기

1) 한쪽 다리(반쪽) 먼저 뜨기
(9단 뜬 후에 10단에서 원통 합체)

멜빵바지

How to Make

사용한 실 : 남색

1. 사슬코 18코와 기둥코 1코를 만들어서 1단을 뜬다. 2단에서 원통으로 합체하여 18단까지 뜨고 실을 잘라 바깥쪽으로 빼놓는다.
2. 같은 방법으로 반대쪽도 뜬다.
3. 1번 과정에서 만든 바지 한쪽을 가져와 연결하면서 19단을 뜬다. 도안 대로 27단까지 뜬다.
4. 짧은뜨기 13코를 뜬 후 사슬코 30코를 만든 후 7코는 뜨지 않고 8번째 코부터 23코 빼뜨기를 한다. 이어서 짧은뜨기 8코를 뜨고 같은 방법으로 한쪽 끈을 만든 후 짧은뜨기 3코를 뜨고 빼뜨기해서 마무리한다.

멜빵바지

남색 / 3호

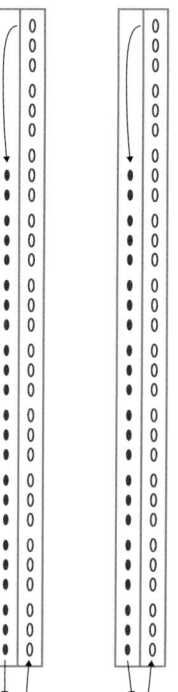

사슬코는 30코 만든 후에
7코는 뜨지 않고 8번째 코부터 뜨기

```
● ××× ××× ××× ××× ××× ××× ××× ××× 28 (24)
××× ××× ××× ××× ××× ××× ××× ××× ××× ××× 27 (36)
××× ××× ××× ××× ××× ××× ××× ××× ××× ××× 26 (36)
××× ××× ××× ××× ××× ××× ××× ××× ××× ××× 25 (36)
××× ××× ××× ××× ××× ××× ××× ××× ××× ××× 24 (36)
××× ××× ××× ××× ××× ××× ××× ××× ××× ××× 23 (36)
××× ××× ××× ××× ××× ××× ××× ××× ××× ××× 22 (36)
××× ××× ××× ××× ××× ××× ××× ××× ××× ××× 21 (36)
××× ××× ××× ××× ××× ××× ××× ××× ××× ××× 20 (36)
××× ××× ××× ××× ××× ××× ××× ××× ××× ××× 19 (36)
```

A CUT

```
××× ××× ××× ××× ××× ××× 18 (18)
××× ××× ××× ××× ××× ××× 17 (18)
××× ××× ××× ××× ××× ××× 16 (18)
××× ××× ××× ××× ××× ××× 15 (18)
××× ××× ××× ××× ××× ××× 14 (18)
××× ××× ××× ××× ××× ××× 13 (18)
××× ××× ××× ××× ××× ××× 12 (18)
××× ××× ××× ××× ××× ××× 11 (18)
××× ××× ××× ××× ××× ××× 10 (18)
××× ××× ××× ××× ××× ××× 9 (18)
××× ××× ××× ××× ××× ××× 8 (18)
××× ××× ××× ××× ××× ××× 7 (18)
××× ××× ××× ××× ××× ××× 6 (18)
××× ××× ××× ××× ××× ××× 5 (18)
××× ××× ××× ××× ××× ××× 4 (18)
××× ××× ××× ××× ××× ××× 3 (18)
××× ××× ××× ××× ××× ××× 2 (18)
××× ××× ××× ××× ××× ×××0 1 (18)
○○○ ○○○ ○○○ ○○○ ○○○ ○○○
```

2단에서 원통으로 합체

B JOIN

```
××× ××× ××× ××× ××× ××× 18 (18)
××× ××× ××× ××× ××× ××× 17 (18)
××× ××× ××× ××× ××× ××× 16 (18)
××× ××× ××× ××× ××× ××× 15 (18)
××× ××× ××× ××× ××× ××× 14 (18)
××× ××× ××× ××× ××× ××× 13 (18)
××× ××× ××× ××× ××× ××× 12 (18)
××× ××× ××× ××× ××× ××× 11 (18)
××× ××× ××× ××× ××× ××× 10 (18)
××× ××× ××× ××× ××× ××× 9 (18)
××× ××× ××× ××× ××× ××× 8 (18)
××× ××× ××× ××× ××× ××× 7 (18)
××× ××× ××× ××× ××× ××× 6 (18)
××× ××× ××× ××× ××× ××× 5 (18)
××× ××× ××× ××× ××× ××× 4 (18)
××× ××× ××× ××× ××× ××× 3 (18)
××× ××× ××× ××× ××× ××× 2 (18)
××× ××× ××× ××× ××× ×××0 1 (18)
○○○ ○○○ ○○○ ○○○ ○○○ ○○○
```

2단에서 원통으로 합체

운동화

How to Make

사용한 실 : 흰색

1. 사슬코 5코와 기둥코 1코를 만들어서 도안대로 끝까지 뜬다.
2. 검은색 털실(운동화와 같은 털실 사용)로 운동화 위에 2줄을 수놓는다.

운동화-2개

흰색 / 3호

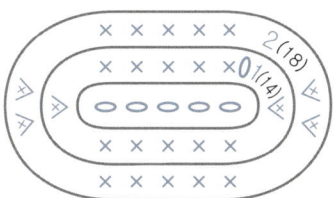

메리제인 슈즈

How to Make

사용한 실 : 빨간색

1. 사슬코 5코와 기둥코 1코를 만들어서 4단까지 뜬다.
2. 빼뜨기 3코를 한 후 사슬코 6코를 뜨고 5코는 뜨지 않고 6번째 코로 바늘을 넣어 빼뜨기 6코를 뜬다. 같은 방법으로 반대쪽 신발도 뜬다.

메리제인 슈즈-2개

빨간색 / 3호

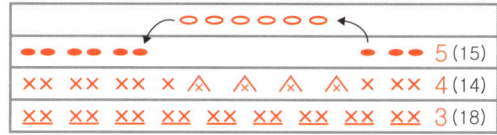

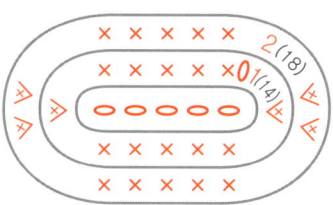

부츠

How to Make

사용한 실 : 황토색

1. 사슬코 5코와 기둥코 1코를 만들어서 도안대로 7단까지 뜬다.
2. 되돌아 짧은뜨기를 뜨며 8단을 뜬 후 마무리한다.

부츠-2개

황토색 / 3호

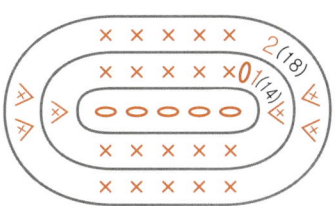

22

장화

How to Make

사용한 실 : 검은색

1. 사슬코 5코와 기둥코 1코를 만들어서 도안대로 끝까지 뜬다.

장화-2개

검은색 / 3호

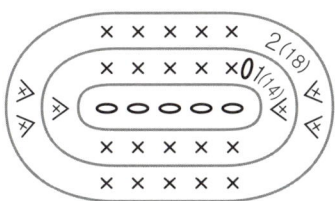

발레 슈즈

How to Make

사용한 실 : 연핑크

1. 사슬코 5코와 기둥코 1코를 만들어서 도안대로 끝까지 뜬다.
2. 리본을 신발 안쪽에 글루건으로 붙여서 마무리한다.

발레 슈즈-2개

연핑크 / 3호

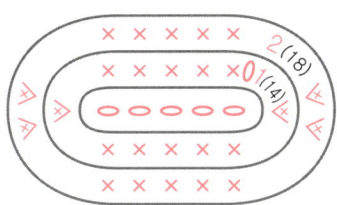

룸 슈즈

How to Make

사용한 실 : 보라색

1. 사슬코 5코와 기둥코 1코를 만들어서 1단을 뜬다.
2. 도안대로 2단을 뜨고 빼뜨기해서 마무리한다.
3. 3단의 표시된 자리에서 새실을 가져와서 이랑뜨기로 끝까지 뜬 후 기둥코를 만들고 편물을 뒤집어서 4단의 도안대로 뜬다.
4. 가운데 부분이 모여 발등 모양이 되도록 가운데 만나는 부분은 감 침질로 꿰매서 마무리한다.

룸 슈즈-2개
보라색 / 3호

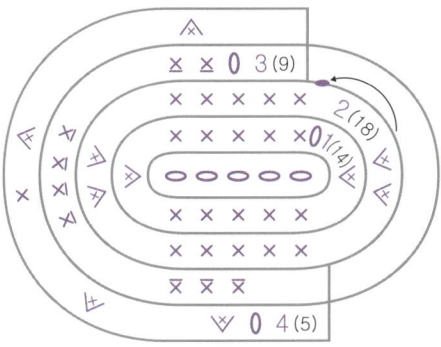

꼼지락걸의 미니어처 손뜨개
인형과 인형옷편

초판 1쇄 발행 2020년 6월 15일

지은이 문주희
펴낸이 이지은 **펴낸곳** 팜파스
기획·진행 이진아 **편집** 정은아
디자인 조성미
마케팅 김민경, 김서희
인쇄 케이피알커뮤니케이션

출판등록 2002년 12월 30일 제10-2536호
주소 서울시 마포구 어울마당로5길 18 팜파스빌딩 2층
대표전화 02-335-3681 **팩스** 02-335-3743
홈페이지 www.pampasbook.com | blog.naver.com/pampasbook
페이스북 www.facebook.com/pampasbook2018
인스타그램 www.instagram.com/pampasbook
이메일 pampas@pampasbook.com

값 16,000원
ISBN 979-11-7026-335-7 (13590)

ⓒ 2020. 문주희

· 이 책의 일부 내용을 인용하거나 발췌하려면 반드시 저작권자의 동의를 얻어야 합니다.
· 잘못된 책은 바꿔 드립니다.
· 이 책에 나오는 작품은 저자의 소중한 작품입니다.
  작품에 대한 저작권은 저자에게 있으며 2차 수정·도용·상업적 용도·수업 용도의 사용을 금합니다.

이 도서의 국립중앙도서관 출판시도서목록(CIP)은 서지정보유통지원시스템 홈페이지(http://seoji.nl.go.kr)와 국가자료공동목록시스템(http://www.nl.go.kr/kolisnet)에서 이용하실 수 있습니다.(CIP제어번호: CIP2020019747)